うちの子、どうして言うこと聞かないの！と思ったら読む本

子育てコンサルタント
泉河潤一

Discover
ディスカヴァー

はじめに

「ねえ、ゲーム機買って！　みんなもってるよ」

もしあなたに5歳ぐらいの子どもがいたとして、その子にこうねだられたら、親としてどう判断しますか⁉

あなた「本当にみんなもってるの？」

子ども「もってない子も中にはいるけど、ぼくの友達はみんなもってるよ。ねえ、買って！　もってないと仲間はずれになっちゃうよ」

あの手この手でくり返し子どもに言われ大泣きされるにいたって、親であるあなたは、ある日買ってあげることになるのです。

大喜びするわが子を見て、あなたは「まあいいか。ほとんどの子がもっているんだし、何度も買って！とねだられて、これ以上ガマンさせるといいかげん嫌われそうだし……」と自分を納得させるのです。

しかし、現実には買ってあげた後の方が大変です。

あなた「今日は、保育園で何があったの？」
子ども「うーん、べつに何も」（早くゲームをやりたくて、親の質問にもうわの空です）
あなた「もう8時よ。いいかげんゲームをやめなさい！　お風呂の時間よ」
子ども「ちょっと待って、もう少しで全クリするから」（結局、叱られて初めてゲームをやめて、お風呂に入ることになります）

このように「親子の会話がおざなりになる」「お風呂に入る時間が遅れる」のは一例です。「学習時間がゲームにとられ、学力が低下する」「夜遅くまでゲームにはまって、睡眠時間が少なくなる」「体を動かして生身の相手と遊ぶことが少なくなり、体力や社会性が育ちにくくなる」「視力が極度に低下する」……などさまざまな弊害が生じる可能性が出てきます。もし必要な睡眠時間が確保できなくなれば、イライラして感情のコントロールがむずかしくなり対人関係や学習への集中度にまで影響してきます。つまり、ゲーム機を買ってあげたことで、あらゆる面に悪影響が出てくる可能性があるのです。

うちの子は女の子だから大丈夫、ということはありません。最近のゲーム機は、インターネットに接続可能です。女子の場合は、同じゲーム機がコミュニケーションツールに変わるだけです。最近の統計では、女子がSNS（LINE、Facebook等）にはまる時間は、男子のゲーム機以上という結果が出ています。

このように、男子・女子ともに、買い与える前に比べて、親子のバトルや悩みのタネが増えることにもつながるでしょう。

かくて、「せっかく家族で温泉に行きながら、湯上がりのほっとした時間にゲームに熱中している子ども。そんな子どもを前にして、話しかけることもできずにいる親」――あちこちの温泉でよく見かけるようになった、親子関係の誕生となるのです。いや普段がそのような状況になるのです。

これって、親が本当に望んでいた結果でしょうか。
もう一度聞きます。

「ねえ、ゲーム機買って！　みんなもってるよ」

もしあなたに5歳ぐらいの子どもがいたとして、その子にこうねだられたら、親としてどう判断しますか⁉

今度は、次のように答えるのではないでしょうか。

「買ってあげてもいいけど、きちんとルールを決めてそれが守れるようならね」

さあ、今度は「ルールを決める問題」が出てきました。ルールはどんな内容をどのように決めればいいのでしょうか。決めたルールをどうやって守らせたらいいのでしょうか（第3章の原則6（P183）をごらんください）。

あるいは、次のように答えるかもしれません。

「お母さんは、まだ早いと思うの。今は思いきり体を動かしてお母さんやお友達といっしょに遊んでほしいの。小学校に入学したらお祝いに買ってあげるね」

では、買い与える時期はいつならいいのでしょうか。

「もう仮定の話はイヤ。現実に今、うちの子が朝起きてから学校へ行くまでの間と、帰宅後ずっとゲーム（またはＳＮＳ）にはまって困ってるの！　ルールを決めてもさっぱり守ってくれないのよ！」

こういう叫びも聞こえてきそうです。すでにゲーム機に際限なくはまってしまい、学習や生活に支障をきたしている子を、どうしたらゲームへの依存度を支障のない程度まで下げることができるかという問題です。こうした場合は、どのように解決を図ったらよいのでしょうか（第３章の原則６をごらんください）。

このように、ゲーム機を買い与える（た）こと一つをとってみても、クリアしなくてはいけない問題がたくさんあるのです。

ところで、筆者は、小学校教員として30年間働いてきました（今も現役です）。その間、たくさんの子ども・その保護者とかかわり、たくさんの成功例と失敗例を見聞ないし実際に体験してきました。

ゲーム機の例で言えば、「ふとんに入って隠れて夜中の12時過ぎまでゲームをやり、それでも足りずにゲームの続きをやりたくて学校を早退してしまった子」を担任したこともあります。この場合は、ゲームへの依存度を支障のない程度まで下げることに成功しました（第3章の原則6をごらんください）。

これ以外にも、「3人の子ども（小5、小3、小1）がゲームにはまり、それぞれ視力が急激に下がってしまい、母親がゲーム機を取り上げた」例などさまざまな例を見聞しています。また、筆者自身も若い頃にコンピューターゲームにはまった経験があり、どれくらい熱中してしまうかも、体験上想像できるのです。

ですから、ゲーム機を買い与えること一つをとってみても、それがまねくことになるマイナスの事態も予想がつきますし、それを予防したりマイナス面を減らしたりする方法も知っているのです。

ゲーム機のことは、ほんの一例にすぎません。教師としてたくさんの成功経験、失敗経験をしてきました。本書で紹介する対応法や原則は、筆者が成功経験ばかりでなく失敗経験という痛い思いをして得た教訓でもあるのです。

筆者は、これまで教育関係の本だけで２５００冊を超える本を読み、教育に関する数多くのセミナーに積極的に参加し学んできました（たとえば、カウンセリング的なアプローチの必要性を感じてＮＬＰマスタープラクティショナーを取得しています）。

また、筆者自身２児の父親でもあります。これまで学んできた子育ての知恵や原則をいかして精一杯子育てをしてきました。つまり、本書で紹介する子育ての知恵や原則は、30年に及ぶ教職経験、２５００冊を超える教育関連本やセミナーから学んだこと、16年以上に及ぶ自分自身の子育て体験をもとに、書籍として結晶化したもので、検証済みの子育ての原則であり知恵なのです。


自己紹介が終わったところで、先のゲーム機の問題に戻りましょう。

この問題は、序章「子育てで悩んでいませんか？」で示している、20の問題の一つ「③テレビ・コンピューターゲーム・スマホ・SNS依存症」にあたります。

これについては、第３章の原則６『教育環境を整え、現代の凶器から子どもを守りましょう』の中で、基本的な考え方と合わせて具体的な対応法を示しています。ここを読めば、お子さんの実情に合わせて、親の方で対応法を選ぶかアレンジして実行していけるように工夫してあります。

序章には、

①偏食（好き嫌い）②夜ふかし（睡眠不足）③テレビ・コンピューターゲーム・スマホ・SNS依存症 ④着替えや歯磨きなど自分のことが自分でできない ⑤お手伝いをしない ⑥親子の会話やふれあいがない ⑦外遊び・集団遊びをしない ⑧宿題・勉強をしない、読書しない ⑨あいさつができない、言葉づかいが悪い、公共のマナーを守れない ⑩泣いたり叩いたりして自分の要求を通そうとする ⑪キレやすく友達とトラブルが多い ⑫集中が続かない、落ち着きがない ⑬仕事に忙しく子どもとかかわる時間も気力もない ⑭家にいても居場所（役割）がない ⑮子育てを丸投げされて困っている ⑯夫（妻）や子どもがバカにする ⑰配偶者（祖父母）と教育方針が合わない ⑱子どもをうまくしつけられない ⑲勉強をうまく教えられない ⑳子どもとどうやってふれあったらいいのかわからない

……と全部で、20もの問題についてあげています。

本書では具体的にそれらの解決法、対応法を提案するという展開になっています。

もし、今これらの問題の中で特に困っていることがあるならば、とりあえず対応する解決策ページをごらんください。きっとうまくいくヒントが得られます。

なお、本書は、教職員の皆さまにもぜひお読みいただきたいと思っています。保護者から、家庭でのゲーム機の与え方やルール、スマホ・ＳＮＳ依存から抜け出す方法などについて問われる場面は多いです。そうした場合に、専門職として有効な方法を提案できるかどうかは、保護者の信頼を得られるかどうかを大きく左右します。

この問題ばかりでなく、多くの子育て上の問題に教育の専門職として答えられるように、本書をぜひ活用していただければと思います。そのようにして保護者の悩みを解消していければ、保護者の信頼をもとに家庭と連携しながら教育を進めることができ、子どももよりよく成長していくことでしょう。

日本を担う子どもたちの明るい未来のために、ぜひ多くの皆さまにご活用いただければ幸いです。

※なお文中の登場人物名はすべて仮名です。

もくじ

第2章

家庭を親も子もやすらげる場所にする

第3章

子どもを教え育てるための9つの原則

序章

子育てで悩んでいませんか？

子育てをめぐる悩み、こんなことで困っていませんか？

この本を手にとったあなたは、きっと子育てで悩みや気になることがあるはずです。
どんなことに困っているのでしょうか？
さっそくみていきましょう。

困っている問題には□の中にチェック✓を入れながら読んでみましょう。
「→P○○へ」にその問題への対応策がのっています。お急ぎの場合は、すぐにそこを読むことで対応策のヒントが得られます。

① ☑ **偏食（好き嫌い）** **→P149、165へ**

●食べ物の好き嫌いが多くて困っています。嫌いなものでも何とか食べさせようとして言い合いになったり、やたらと食事に時間がかかってしまったり……。食事の時間が親子ともにストレスです。**（4歳女児の母）**

●何も食べないよりましと思って、好きなものだけ子どもに食べさせています。でも、栄養のバランスがとれていないと思うので、体の発育が心配です。**（8歳男児の母）**

②☑ 夜ふかし（睡眠不足）
→P183、208へ

●いつも好きなテレビ番組を夜遅くまで見ていて、寝るのが夜11時過ぎになります。朝は遅刻しないように起こすのが大変です。学校では、寝不足で勉強に集中できないでいるんじゃないかと……この面でも心配です。（10歳男児の母）

③ テレビ・コンピューターゲーム・スマホ・SNS（LINE、Facebookなど）依存症 →P183へ

●帰宅後ずっとコンピューターゲームばかりしています。夕食後もすぐに部屋に入ってゲームにはまっています。「1日1時間まで」と注意しても、聞き入れません。勉強時間も親子の会話の時間もほとんどなく、子どもをゲーム機に奪われた感じがします。視力まで急に落ちました。**（10歳男児の母）**

●スマホを買い与えたところ、学校の友達とLINEばかりやっています。心配です。**（12歳女児の母）**

④ 着替えや歯磨きなど、自分のことが自分でできない

→P135、255へ

●5年生にもなったのに、自分で朝起きられません。着替えも遅いし、歯磨きも言われないとやろうとしません。脱いだ服も脱ぎっぱなし、カバンも玄関に放りっぱなし。何度注意してもなおりません。本当にイライラします。（10歳女児の母）

⑤ お手伝いをしない →P171へ

●うちの娘はお使いやお風呂そうじやお皿ふきをさせようとしても、ひどくイヤがります。まだ子どもだからと思い、気にしていなかったのですが、ママ友の話を聞いてびっくり。同級生のAちゃんは、食器を洗い、トイレのそうじまでしているそうです。カレーライスなど、食事もつくれるとのこと。それに比べてうちの子は……正直、あせっています。（9歳女児の母）

⑥ 親子の会話やふれあいがない

→P60へ

●家族の会話が少なくて困っています。夕食はいっしょにとっていますが、テレビに夢中で何を聞いても「別に」で、会話が成立しません。**(8歳男児の母)**

●子どもは塾で帰りが遅く、食事をいっしょにとれない日の方が多いです。**(12歳男児の母)**

●激務の夫は毎日深夜帰宅。平日は、家族みんなで食卓を囲めません。朝も早く出勤するので、子どもと父親が朝のあいさつすらかわせない状況です。**(7歳女児の母)**

⑦ 外遊び・集団遊びをしない

→P183、83へ

●家に閉じこもってコンピューターゲームばかりしています。先日、友達が遊びに来たと思ったら、1時間もそれぞれがコンピューターゲームをしていました。これでは、体力も集団の中でうまくやっていく社会性も身につかないのではないかと心配です。（9歳男児の父）

●外で体を使ったいろいろな遊びをさせたいのですが、本人がイヤがります。それに、近所の公園で不審者が出たという話も聞きますし、危なくて遊ばせられません。（6歳女児の母）

⑧ ☑ 宿題・勉強をしない、読書しない

→P114、135、127へ

●宿題をやらなくて困っています。この間も、「宿題やったの？」と聞くと、「もう終わった」と言うので、確かめてみるとやっていませんでした。勉強についていけないというわけではないのですが、家で勉強する習慣をつけさせたいです。（9歳男児の母）

●テレビなら何時間でも見ていられるのに、読書となるとさっぱりダメです。一ヶ月に一冊も読まず、読むとしたらアニメのマンガ本です。せめて学習マンガでもいいから読んでほしい。（11歳女児の父）

⑨ ☑ **あいさつができない、言葉づかいが悪い、公共のマナーを守れない**

→P69、74、215へ

●知人の娘さんが礼儀正しいのにびっくり。あいさつも、「ありがとう」もきちんと言えていました。ふり返ってわが子は……。いったいどうしたらそういう子に育つのでしょう。**（8歳女児の母）**

●言葉づかいが悪いのが悩みです。「バカ！」「死ね！」「ボケ！」などと言うのは許せません。**（9歳男児の母）**

●何度叱っても図書館で大騒ぎする息子。スタッフの人に厳しく注意され、親の私まで情けなくなりました。**（7歳男児の母）**

⑩ ☑ **泣いたり叩いたりして自分の要求を通そうとする**　**→P231、215へ**

●好きなお菓子を買ってくれるまで店先で泣いてだだをこねたり、自分が使いたいと思うと友達が使っているおもちゃを取り上げたり……自分の要求を強引に通そうとすることが多く、とても心配です。**（5歳男児の母）**

⑪ キレやすく友達とトラブルが多い

→P231、255へ

●先生から、「ちょっとしたことがきっかけで、キレて友達とトラブルになることが多い」と聞きました。確かに家でも少し注意しただけで怒ったり、少し気に入らないことがあるとへそを曲げて泣きわめいたりして困っています。ガマンする力も足りないように思います。（7歳男児の父）

⑫ ☑ 集中が続かない、落ち着きがない

↓P183、135へ

●ちょっと勉強したと思ったらゲームをやり始めたりテレビを見始めたりで、集中が続きません。学校でも、席に落ち着いて座っていられず、すぐにおしゃべりをしてしまうそうで心配です。（9歳男児の母）

さて、チェックは、いくつぐらいつきましたか。ほとんどついたという方や、数は少ないけれどある問題――たとえば「①偏食（好き嫌い）」――だけは何とかしたい方、「⑤お手伝いをしない」というのはこれまで男の子だからと気にしていなかったけれど、少し心配になってきたという方などいろいろでしょう。

いわゆる「よくある子育ての悩み」の代表的な例をざっとあげただけでも、こんなにたくさんあるのです。

子育ての悩み、その原因はいったい何？

個々の対応法を知る前に、子育ての悩みや問題の原因を考えてみましょう。

原因が1つとはかぎりません

たとえば、「⑧宿題・勉強をしない、読書しない」について考えてみます。

昔なら学校からいったん帰宅すれば友達と合流しないかぎり遊びはむずかしかったのですが、今は一人でできるコンピューターゲームが誘惑します。テレビだって昔に比べたら衛星放送はもちろんたくさんのチャンネルがあり、ＤＶＤレンタルもありで、その気になれば好きな番組は見放題です。これも強力な誘惑者です。

さらに、私たち親が子どもの頃にはまったくなかったスマホやインターネットがあります。ＳＮＳ（ＬＩＮＥ、Ｆａｃｅｂｏｏｋなど）やメールの返信に追われたり、書き込みをめぐってトラブルが発生したりしています。

ＳＮＳやネットを通じたゲームに何時間も費やしていては、とても勉強時間や読書の時間はとれません。宿題を終えることすらむずかしいでしょう。それどころか、貴重な睡眠時間すら奪っています。このことが授業中の集中力や落ち着きのなさを生じさせています。

バランスのよくない食事や添加物の多いお菓子なども問題です。たとえば、糖分の取りすぎは集中力を奪い、キレやすくします。落ち着きたくても落ち着けないのです。このことが小児成人病の発症をはじめ子どもの体をダメにし、かつ集中力を奪っているなど、生活全般にも影響を及ぼしています。

家庭学習の習慣が身につくまでには、継続した親のサポート、つまり勉強を見てあげて教えたりほめたりすることが必要ですが、共働きの親にはかなりむずかしいことでしょう。

かくて学年が進むにつれて勉強はむずかしくなり、家庭学習の習慣が身についていない子はだんだんと勉強がわからなくなってきます。そして勉強への意欲がそがれていくのです。

「勉強しない」という悩み一つとっても、

- **誘惑が多くてがんばりにくい環境**
- **集中できない脳**
- **がんばりがきかない体**
- **親が共働きで子どもの勉強をサポートしにくい状況**

など、さまざまな要因が考えられます。

このように、子育ての悩みや問題の原因は、相互にからみ合っていて、からまった糸のように、ほどくことがむずかしくなっているのです。

お父さん・お母さんもいろいろ大変です

さらに、子育ての悩みには、親自身の仕事や家事の問題、夫婦のチームワークといった問題もかかわってきます。たとえば、次のような問題です。

⑬ 仕事に忙しく子どもとかかわる時間も気力もない →P93、48へ

●宿題がよくわからないと言うのですが、仕事や家事が忙しくて教えている時間がありません。（8歳男児の母）

●「どこかへ連れて行って」「遊んで」と、子どもに言われるのですが、ついつい「疲れているから」と断ってしまいます。実際、残業続きでへとへとで、子どもとかかわる気力がありません。（6歳女児の父）

⑭ 家にいても居場所（役割）がない →P93、48へ

●仕事ばかりずっと一生懸命やってきて、子育てを妻にまかせっきりにしていたのがよくなかったようで、私がいないことが前提で家庭生活が回っています。家にいても居場所がありません。今になって、なんだかさびしく思っています。（11歳女児の父）

⑮ ☑ **子育てを丸投げされて困っている**　**↓P48へ**

●「おれの役目は働いて給料を稼いでくることだ。子育ては主婦のおまえにまかせた」と言われて困っています。「あなたの子どもでもあるのよ」と言っても、夫は子育てにかかわろうとしません。育児ノイローゼになりそうです。**（4歳双子男児の母）**

⑯ ☑ **夫（妻）や子どもがバカにする**　**↓P68へ**

●夫が「おい、メシ」とか「風呂はまだか」とか、召使いに対するような言い方で接してきて困っています。最近は子どもまで同じような言い方をしてきます。**（13歳男児の母）**

●妻が子どもの前で私のことを罵倒したり叱りつけたりして困っています。おかげで、子どもまで私のことを軽んじて、父親としての権威がありません。**（12歳女児の父）**

⑰ ☑ **配偶者（祖父母）と教育方針が合わない**　**↓P103へ**

●私は、あいさつやお手伝いをしっかりやらせたいと思っていますが、妻は受験など勉強のことばかり気にしています。お手伝いについては「勉強の時間がなくなる」「自分がやった方が早い」と言って、子どもにはいっさいやらせないのです。**（11歳女児の父）**

●高価なゲームソフト等は誕生日などに買ってあげることにして、子どもにガマンすること

を学ばせたいのですが、祖父母が買い与えてしまうので困っています。**（9歳男児の母）**

このように、親自身の仕事や家事の問題、夫婦のチームワークといった問題が、先にあげた「子育ての悩みや問題①～⑫」の解決を妨げてもいるのです。そもそも悩みや問題を解決しようとするエネルギーや時間がなく、夫婦のチームワークがうまくいっていないのですから。

子どもの育て方がわからないという悩み

こうした困難な状況下にあって、親も、どのように子どもをしつけたり教えたりすればいいのか、子どもとどうかかわっていいのか、よくわからず悩み困っています。

⑱ ☑ **子どもをうまくしつけられない** **→P149、235、255へ**

●夜9時に寝るように決めても、子どもはちっとも守ってくれません。**（9歳男児の母）**

⑲ ☑ **勉強をうまく教えられない** **→P114、135へ**

●算数がよくわからないというので、先日教えてみたのですが、わが子のあまりのわからな

さに、親の私がキレてしまいました。いったいどうやって教えたらいいのでしょう。（11歳男児の父）

⑳ 子どもとどうやってふれあったらいいのかわからない

→P68へ

●子どもの頃、親は仕事が忙しくて、かまってもらえませんでした。私は、子どもともっとかかわろうと思っているのですが、どうやってかかわっていけばいいのかよくわかりません。（7歳女児の父）

親は、子どもが生まれたら自動的に親になり、親としての役割を果たさなくてはなりません。すなわち、子どもを育てなくてはならないのです。ですが、子育ての悩みや問題・その原因を見てきておわかりのように、それは簡単なことではありません。

たとえば車のドライバーになるには、自動車学校で運転の技術・交通ルールなどを一通り学んでから、試験を受けて免許証をもらい、実際の路上運転に入りますよね。そうしないと、交通事故を起こしてしまいますから。だから、自動車学校で学ぶことは必須なわけです。

子育ては、自動車の運転よりもずっとむずかしいものです。自動車はハンドルを右に切れば右に曲がりますし、ブレーキを踏めば止まりますが、子どもはそう簡単にはいきません。

それに、育てたり教えたりすることが山ほどあります。

ところが、親は子育てのための特別のトレーニングを受けるわけではありません。唯一のモデルは自分が親から受けたしつけや教育だけです。

しかし、親の世代と現代では、世の中の状況が大きく変わっています。このままでは、子育てがうまくできないのも無理はありません。だから、これまで紹介したような子育ての悩みと問題がたくさん生じるのです。

ではどうすればいいのでしょう?

ドライバーが自動車学校で運転の仕方を学ぶように、**親は、子どもの育て方――子育ての知恵や技術――を学んでおけばいいのです。そうすれば、子育ての悩みや問題にうまく対応でき、自信をもって子育てができるようになります。**

さっそく本書で紹介する「子育ての知恵や技術」を学び、親としてのトレーニングに入りましょう。

第1章

親の役割と責任を自覚しましょう

親の役割とは何でしょう？

胎内に命を宿してから死ぬまで――とりわけ就職・結婚して親元を離れるまで――最も身近にいて影響力のある存在、それが親ですよね。

中絶する親さえいることを考えれば、生殺与奪の権限すらもっているともいえます。親は、この胎内に命を宿してから死ぬまでの間、最も身近にいてきわめて大きな影響力を発揮する存在です。

子どもは親の立ち居振る舞いを見て、それを手本としてまねて（モデリング）いきます。この意味で、親自身が最大の教育環境といえます。

しかも、親には、母乳かミルクかの選択から始まって、おもちゃ・幼稚園や保育園・習い事……等々どんな教育環境を与えるか（与えないか）の選択権があります。つまり、どんな教育環境を整えるか選択する過程でも、大きな影響力を行使できます。

こうして、親は、母胎に赤ちゃんを宿した瞬間から子どもを守り・養い・育て・教えるという役割（ミッション）のために、その強大な影響力を行使することになります。

つまり、親の役割をざっくりまとめると、次のようになりますね。

①社会の負の影響から子どもを守る防波堤の役割（マイナス要因を除く）、マイナスの影響は除くがプラスの影響はそのまま通すフィルターの役割
②発達段階に合わせてよりよい教育環境を整えていく役割（プラス要因を加える）
③親自身が子どもに模範を示す役割（モデリングの対象となる）

親の役割を行使すれば、子どもの環境は劇的に改善します

皆さんもご存じのとおり、現代はありとあらゆる誘惑に満ちた社会です。たとえば、テレビやコンピューターゲーム機、スマホなど便利で魅力的な機器にあふれ、電子レンジを使えば手軽にできあがる食品（砂糖や保存料、化学調味料がたっぷり入っている）も簡単に入手できます。

そうした中でも何を与え、何を与えないかの選択は親にゆだねられています。つまり、親

の防波堤の役割、言い換えれば「マイナスの影響は除くがプラスの影響はそのまま通すフィルターの役割」を上手に行使すれば、それだけで子どもの教育環境は劇的に改善されます。

たとえば、テレビ・コンピューターゲーム機・パソコン・スマホなどをそもそも買い与えないという選択もできます。

テレビやパソコンを買い与えるにしてもリビングに置いて親の監督下に置き、使い方のルールを決めて守らせるという選択もできます。たとえば、「土曜日の夕食時はテレビを消す」「コンピューターゲームをしてよいのは夕方5時から1時間以内」というように。

また、コンピューターゲーム機を買い与える代わりに、親子でトランプをして遊んだり公園で遊んだりする選択もあります。

砂糖や保存料のたっぷり入ったお菓子を常時買い置く代わりに、果物や米菓を用意する選択もできます。毎週ハンバーガーショップなどに行く代わりに、週1回親子で食事をつくるという選択もできます。

就学前の子どもを塾に通わせる代わりに、親が教えるという選択もあります。

託児所に子どもを預けて働く代わりに、親自身が自分で子育てする選択もできます。

週に1日は仕事を早めに切り上げて帰宅し、子どもとふれあう時間をつくるという選択もあります。

たしかに、現代社会には負の影響があふれています。ですが、安心してください。ここで示したように賢い選択をすることで、親は子どもを守ることができるのです。

それには、親は何よりも賢くなくてはなりません。コンピューターゲーム機一つとっても、与え方があるのです（詳しくは第3章の原則6を参照してください）。

それ以前にまず、親は、「リーダーとしてその役割と責任を引き受ける決意があるかどうか」が問われるのです。

「リーダーとして」と言われても……と、とまどう方もいるでしょう。むずかしいことはありません。

たとえば「おなかの赤ちゃんのことを考えてアルコールやタバコをやめる」ことは、先の①のフィルターの役割です。「どこの保育（幼稚）園がいいだろうかと思案・検討する」ことは、②のよりよい教育環境を整える役割です。「親自身が公共施設のマナーを率先して守る」ことは、③の規範を示す役割です。つまり、先の3つの役割を一つひとつ果たしていけばいいのです。

仕事と子ども、どっちが大事？　子育てのスタンスを決める

子どもを守り・養い・育て・教えるという親の役割を自覚し、それを積極的に果たすリーダーたるという決意、それをどの程度果たすと決意するか――子育てのスタンスをどうするか――で、親子関係そして夫婦関係が決まります。

父親としてあるいは母親として子育てのスタンスをどうするのかという問題は、働くお父さん・お母さんにとっては、仕事と家族との折り合いをどうつけるかという問題でもあります。つまり、仕事と同じくらいに、あるいはそれ以上に重要なこととして価値づけるのか、二の次三の次に置くのかということです。

具体的に言えば、「自分（夫）は仕事に専念して、子育ては妻に丸投げする」のか、「子育てを夫婦共同のプロジェクトとしてとらえ、ともに役割を分担して協力し合う」のかという問題です。

ここでは、いくつかの家族の例を通して、どんな子育てのスタンスをとると、どんな結果になるのか見ていきましょう。

最初は、夫が妻に子育てを丸投げした例です。

妻に子育てを丸投げした夫

夫は子育てを私にまかせっきりで手伝おうとしてくれませんでした。そのことで、文句を言っても、子育ては母親の仕事で、自分の仕事ではないと言うばかりでした。

中学生になった息子の問題の多さには、ため息が出るばかりです。先日、夫に、

「担任の先生から電話があったら、今度はあなたが出てね。私はもううんざりなの」

と言いました。そしたらなんと夫は息子に

「お母さんはお前を助けないと言っているから、問題を起こすのはもうやめてくれよ」

と言ったのです。私は腹が立ち、爆発しました。そうしたら夫は私にこう言ったのです。

「ぼくを責めるなよ。君が育てた息子だろ。息子を教えて指導してきたのは、ぼくじゃなくて君なんだよ」(14歳男児の母)

この父親にとって、育児は面倒なつまらないことで、それゆえに妻にまかせっきりにしたのでしょう。

この父親は、息子に対して、「父親として愛情を注ぐだけの価値のない子」という無言のメッセージを送り、「面倒なことは人まかせにする」というよくない模範を示しました。

助け合いや責任感、対話するということ……このような基本的なことを学ばせるべき家族

という場で、逆の悪いお手本を示すという形で指導していたわけです。

あたたかい家庭の雰囲気も、学ぶ雰囲気も、よくない影響を排除しようとする作用も、そして何よりも模範とすべきお手本も、この家族にはなかったに違いありません。

問題を起こす息子に最も大きな影響を与えてきたのは、この父親なのです。

何もかかわらないでいることも、大きな影響を与えます。**親としての影響力は放棄できないのです。**

こうした父親がいる一方で、次のような父親もいます。

ある父親の決意（父親としての責任を果たす）

20年前との一番大きな違いは、2児の父親になったことだろう。わが子は本当にかわいい。「子宝」とは、よく言ったものだ。夫婦仲よく、とにかくかわいがって育ててきたつもりだ。しかし、厳しさに欠けていて、しつけが十分でなかったように思う。遊びながら食事をしたり、思いどおりにいかないとすぐぷんとしたりするのも気にかかる。このままでは、学校の先生を手こずらせるのではないか……。「仕事に忙しくてしつけが十分にできなかった」とは、それが真実だったとしても、言いたくない。それは、「わが子のしつけの責任を放棄して、仕事を優先しました」ということではないか。仕事人であると同時に父親である。父親としての責任をしっかりと果たしていこうと思う。

担任によれば、この父親の子は、「学校の先生を手こずらせる」のまったく逆で、先生の話をよく聞き、しつけの行き届いた子に育っています。友達関係は良好で、成績も優秀。親子関係も、中学生になった今でも良好です。長年教鞭をとる筆者の実体験からも、親の愛情をたっぷり受けている子どもが問題行動を起こすことはまずありません。

次に紹介するのは、父親が母親に子育てを丸投げした結果、父親（夫）がいない前提で回っている家族の例です。

父親（夫）がいない前提で回っている家庭

妻「あなた、たまには早く帰ってきて子どもと遊んでやってください」
夫「しょうがないだろ、仕事なんだから」（おまえは家にいて楽でいいなあ）
妻「子どもが大変なのよ」（一人で面倒を見るのは大変。育児ノイローゼになりそう）
夫「帰って早々なんだよ。少しは休ませてくれよ。子どもはおまえにまかせたって」（オレの役割は、家族が食べていけるように生活費を稼ぐことだろう）

このようなことが何度となくくり返されたあげく、この家庭の妻は、「子育ては私にまかせっきりで、夫には何も期待できない」と、とうにあきらめてしまっています。子どもたちにとって、父親の影は薄く、いないことが前提で家庭が回っているわけです。

夫に対して妻が時折こぼすグチが、子どもたちに浸透し、子どもたちも父親を尊敬するどころか軽蔑するようになっていて、それゆえ、父親の権威は低下しています。たまに父親が早く帰ってきても、すでに家庭に居場所がなく、一人でレトルトカレーを食べている状況。夫婦の会話も、父子の会話もほとんどありません。

子どもは、最近、学校に行くことをしぶり始めました。母親は一人でひどく心配しています。

不登校のケースで、このように父親の影が薄いケースは、少なくありません。

子育てという夫婦共同のプロジェクトを、夫が放棄した場合、そのしわ寄せは妻に行き、子どもに行き、やがて本人に返ってくるのです。家庭に自分の居場所がなくなり、夫婦の会話、父子の会話のほとんどなくなってしまう可能性が高いのです。

親の役割と責任を引き受ける決意――子育てのスタンス――の違いが、子どもへの影響、配偶者との関係において大きな違いを生むのです。

中国の古典である三字経にも、「養不教父之過」（やしのうて　おしえざるは　ちちのあやまち）とあります。経済的に家族を養うだけでは、親として責任を十分に果たしていないというわけです。

子どもをしっかりとしつけ、基本的な生活習慣を身につけさせ、価値観を教え、正しい生き方ができるように教え導くこと。言い換えれば、子どもが幸せになれるように育てること。ここまでやって、親としての責任を果たしたといえるのではないでしょうか。

次は、子育てよりも夫婦両方とも自分たちのことを優先してきた夫婦の例です。

子育てより自分たちのことを優先してきた夫婦

ある夫婦は、やりたいことは何でもする、子どもが幼いうちはそれぐらいの自由は許されると思っていました。しばしば、子どもたちを託児所に預けて、好きなところへ旅行したり、夜遅くまで飲み歩いたりと思いどおりの行動をとっていました。

しかし子どもたちが大きくなるにつれて、そのしっぺ返しがきたのです。親子の絆はまったく感じられません。子どもたちは非行に走り、親たちはとても心配な日々を送っています。夫婦は、「小さい頃からのかかわりを大事にしておけばよかった」と後悔しています。

幼い時期ほど親の影響力は大きく、子どももその影響を受けやすい状態です。この時期こそ、親の出番なのに放っておいたツケが回ってきたのです。おそらく幼いときのスキンシップによる愛着形成も、ふれあいによる親子の信頼関係も、基本的な生活習慣やしつけも、おざなりであったに違いありません。

こうした夫婦がいる一方で、次のような共働きの夫婦もあります。筆者がよく知っている夫婦の話です。

夫の帰宅が遅く夫婦共働きの家庭

夫は仕事で、帰宅は夜の10時過ぎ。妻も、パートで看護師として働いており、夕食は8時になることが多いです。夫は夕食を一人で食べることになります。帰宅時は、たいてい子どもは寝ていますが、妻は起きていて、その日の出来事を夫に伝えます。とりわけ、「がんばった。賞状をもらってきた」など、よかったことは忘れずに伝えています。夫は、関心をもって聞いています。そして、翌日、朝食をいっしょに食べながら、夫は子どもをほめるのです。普段は、いっしょに話す機会が朝食のときぐらいしかないからです。

そして、夫は、日曜日だけは子どもとかかわる時間をとり、いっしょにキャッチボールをしたり、勉強を見てあげたりしているのです。妻は、忙しい中でも、父親として責任を果たそうとしている夫を尊敬し、大切にしています。子どもも父親を慕っています。

日本における、子育てをめぐる環境は本当に厳しいですね。仕事が忙しくそのストレスや疲労のために、子どもとかかわることが時間的にも精神的にも肉体的にもむずかしいのです。それでも、夫婦で協力してなんとか親としての役割を果たそうと努力している方々もいます。

子育てを共同プロジェクトとしてとらえ、そのために協力し合う夫婦には、お互いに対する信頼が生まれます。それはお互いに対する気づかい、尊敬の態度になって報われていきます。そうした空気の中で、子どもはよく育っていくのです。

親だけが受け取ることができる最高の贈り物とは?

いずれ子どもたちは、親元を巣立ち自立していくでしょう。そして、今度は親として子育てをしていくことになるでしょう。それまで親は、子どものために「自分」を犠牲にして、親の役割を果たしていきます。

子どもが巣立った後に、親そして子どもにはいったい何が残るのでしょうか。筆者は、次の5つが残ると考えます。

①親子でのたくさんのふれあいの思い出（きっと宝物のような思い出でしょう）、親が大切にしている価値観、生き方をわが子に受けつがせることができます。
②親から本当に愛され大切にされたという自尊心がわが子に育まれることになります（自分は愛され大切にされるに値する価値ある人間だという深いところからくる自尊心が育まれるわけです）。
③親として、わが子を精一杯大切にして育てる過程での醍醐味、育てきった充実感が残ります。
④ともに子どもを最優先事項として子育てをしてきた夫婦なら、子育ての醍醐味をともに味わったパートナーとして、お互いに相手を大切な存在と思い、子どもが巣立った後も助け合っていくことができます。
⑤親子の間で深い絆が残ります。そして、この絆を土台にして、子どもが大人になって、いつの日か親が衰えても、しっかりとした交流が続きます。

この5つの贈り物は、積極的に親の役割を果たすと決意した親のみが、手にできるのです。子育ては間違いなく子どもに多くを残し、同時に多くを親に残します。それは真摯に取り組んだ分だけより多くを残すといえるでしょう。

言い換えれば、どれだけ多くの贈り物を得られるかどうかは、ひとえに「親の役割を積極的に果たす決意があるかどうか」にかかっています。つまり、「子育てのスタンス」が決定的に重要なのです。

子育ては楽しい。大変ですが楽しい。愛情――時間と労力――をかけるだけのことは、十分すぎるほどありますし、かけただけのことが返ってきます。

わが子の笑顔や日々成長していく姿を見るのは、何よりの楽しみです。筆者自身、父親としての醍醐味を味わっている真っ最中です。

親としての究極の願いは、わが子が幸せになることです。そして、そのために精一杯子育てをすること自体に価値があり、やりがいがあり、親としての醍醐味、幸せがあると思います。

第2章

家庭を
親も子もやすらげる
場所にする

家庭は、子どもがストレスを解消し、元気を取り戻す場所です

「友達とけんかした。仲間はずれにされた。勉強がよくわからない。自分だけできない。先生に叱られた……」など、保育（幼稚）園や学校に通う子どもたちは、子どもたちなりに日々試練があり、ストレスがあります。自分なりにうまく解消できればいいのですが、できずに気落ちした状態で帰宅することだって、多々あります。

もっといえば、いじめられて不登校や自殺にまで追い込まれることすらあります。

「うちの子は、思いやりのある子だから大丈夫」ということはありません。優しくて気が弱い子、素直で一生懸命な子、よい子で目立つ子の方がいじめのターゲットになりやすいともいえます。

極論すれば、何でもいじめの理由になるし、だれでもいじめのターゲットになるのです。「目立つといじめられる。だから極力目立たないようにしよう！」こうして自分をコントロールしている子もいます。こうした状況は、いじめられていないまでも、やっぱり緊張の強い状態です。

緊張し、ストレスの多い状態で、保育（幼稚）園や学校から帰ってきた子どもたちにとって、まずもって家庭が安全・安心な空間であり、落ち着ける場、やすらぎの場であることが何よりも大切です。緊張し疲れて帰ってくる子どもたちの疲れを癒やし、消耗した気力を回復させてあげる必要があるからです。

「ねえ、ぎゅーして！」で元気をチャージ

娘が帰宅するなり言いました。「ねえ、ぎゅーして！」もう10歳なのにねと思いつつ、ぎゅーと抱きしめてあげました。「お母さんがいると安心する」こう言われてうれしいのですが、やっぱり学校ではいじわるな子がいたりして、いろいろストレスがあるらしいのです。だから、家ではくつろがせてあげたいと思っています。（10歳女児の母）

たとえ電池切れ寸前の状態で帰ってきても、家庭が安心・安全な空間であり、やすらぎの場であるならば、子どもは元気を回復することができます。ちょうどこの子のように、母親から元気をもらい、チャージした状況になれるわけです。チャージした子は、再び保育（幼稚）園や学校でがんばることができるでしょう。

逆に、家庭がやすらぎの場になっていないと、さまざまな問題が生じてきます。家庭でためたストレスを、保育（幼稚）園や学校で友達にぶつけるトラブルメーカーになったり、学習に集中できないで成績が落ちてきたり、いじめられたり、果ては保育（幼稚）園や学校嫌いになって不登校・引きこもりになったりもします。

つまり、家庭をやすらぎの場にしていくことが、セーフティーネットになると同時に、友達関係・学業不振・いじめ・不登校などのさまざまな問題を予防することにもなるのです。

親も子もほっとしてやすらげる場とは？

では、やすらぎの場とは、いったいどういった場でしょうか。

まず、勘違いしないでいただきたいのは、「やすらぎの場」とは、各々が「好き勝手できる場」ではないということです。

テレビを見たり、食事が終わったと思ったらすぐに自室へ行き、好きなコンピューターゲームをしたり、マンガ本を見たりしてそれぞれが好き勝手に過ごす……。相手はどうしていようが、どんな気持ちでいようが関係ない。自分の好きなように過ごせる。こういうことではないのです。

こんな場では、少なくともいっしょにいる家族は、居心地がよくないでしょう。一人でも居心地がよくない家族がいる状態で、本当にやすらぎの場などできるわけはありません。

夫婦げんかの絶えない家庭も、やすらぎの場にはほど遠い場です。子どもは安心できません。落ち着けず宿題どころではありませんし、学校でも、荒れる場合が多いのです。

夫婦げんかで落ち着けない子ども

ぼくのお父さんとお母さんは、よく夫婦げんかをしました。

PTAの会合で夜9時半を過ぎても帰ってこない母に腹を立てて、父は玄関のカギを閉めたことがありました。10時頃帰宅した母が、「玄関のカギを開けて!」と言ったので、ぼくがこっそり開けました。

一方、母は家計を切り詰めているのに、庭いじりの好きな父が高価な植木を買ってくるのをよく責めていました。いっしょに出かけると父は「この植木は、3000円だけどお母さんには1500円だったと言っておくから、お前も口裏を合わせていてくれ」などと言うのです。ぼくは、父と母がけんかになるのがイヤだったので、口裏を合わせていました。

とにかく、父と母はいつもけんかしていました。けんかを始めると、ぼくは悲しくなって、落ち着かなくなります。ぼくにはお父さんもお母さんも優しくて、両方とも大好きなのに……。「けんかなんかやめればいいのに」といつも思っていました。（11歳男児）

また、兄弟げんかが多い家庭も、子どもは落ち着けません。もちろん、まったくけんかをしない兄弟はいないでしょうが、あまりに頻繁だったり激しかったりすると、学校とはまた違う緊張状態が生じてしまいます。

いくらそれが正論でも、やたら注意や叱責が多い家庭も、やすらぐ場とは、なりにくいです。親が帰宅したとたん、「宿題はしたの？」「部屋が汚いわよ」「コンピューターゲームばかりしてたんでしょう！」……矢継ぎ早にいろいろ言われる。ちっとも落ち着けない……。

やすらげるには、まずは受け入れられ、ある程度、素のままでいられる場である必要があるのです。

子育てに、あせりは禁物。「やすらぎの場をつくる」という目標にしぼったら、しばらくは小言を控えて、大目に見てあげる配慮も必要です。

逆に、「家に帰っても、だれもいない」「たとえいたとしても、会話がない」という家庭もあります。

勉強は
やったか!?
ゲーム
ばかりは
ダメだぞ!
おもちゃを
片づけなさい!
テレビの前に
宿題をやり
なさい!!
もうイヤだ～
ね～ママ～
聞いて!今日ね
漢字テストで
100点
だったよ!
…。

学校で表彰されたということがあっても、関心をもって聞いてくれることもない。まして仲間はずれにされていて、困っていることなど悩みを打ち明けられる親ではとてもない。ただ、同じ家にいて寝起きしているだけ……。つまり、家族が存在していても、それぞれが孤立していてかかわりがない状態です。これもやすらげる場とはいえないでしょう。実際、教育現場でもこのような家庭が増えていることを実感しています。

もちろん、子どもに食事すら用意しない育児放棄や、しつけと称して子どもに暴力をふるう虐待のある家庭は問題外です。

つまり、やすらげる場とは、「好き勝手できる場」でも、やたら注意や叱責の多い「過干渉な場」でも、それぞれが孤立してかかわりのない「孤立無援の場」でもありません。

やすらげる場とは、まず第一に、背伸びしたり萎縮したりすることなく、本来の自分でいられる場です。言い換えれば、一人ひとりが安心して素のままでいられる、地が出せる場ともいえるでしょう。

でも、それだけではいけないのです。**それと同時に、「お互いがお互いを思いやる場」なのです。**ここが一番な肝心なところです。

いっしょに食事をとりながら、今日の出来事についてよいことも、困ったことも共有し合いましょう。よいことは、ほめられ、認められてさらに強化されます。困ったことは、相談にのってもらうことで、気落ちしていた心が回復します。

食後は、みんなで片づけをし、カードゲームを楽しんだり、いろいろなことを教わったりできる場です。つまり、コミュニケーションがあり、助け合いがあり、ふれあいがあり、学び合いのある場です。

食卓を囲んでの会話は、保育（幼稚）園や学校であった悩みやストレスを半減させ、楽しかった気持ちなどを倍増させます。栄養のバランスのとれた料理は、子どもの元気を回復させ、健康な体をつくります。食事の準備や片づけなど、みんなで仕事を分担することで、手のかかる作業は、苦役から楽しい作業になります。

みんなで楽しむゲームは、学校であったイヤな出来事のストレスを吹き飛ばしてくれます。添い寝やおやすみのあいさつは、安心感ややすらぎをもたらし、疲れた心身を癒やします。

家庭がやすらぎの場になるというのは、こういう場になっていることをいうのです。

家庭をやすらぎの場にする5つのポイント

では、こうした家庭をやすらぎの場にするには、どうしたらよいでしょうか。
それには、次の5つのポイントを押さえるとよいでしょう。

ポイント1　あいさつをする
ポイント2　食卓をおしゃべりの場にする
ポイント3　親子でふれあい遊びをする
ポイント4　お手伝いをさせる
ポイント5　デザート・入浴・読み聞かせタイムをもうける

以下、1つずつ詳しく紹介していきましょう。

ポイント1　あいさつをする

第1のポイントは「あいさつ」です。主に次の4つで、いずれも大切です。

▼朝のあいさつ「おはよう」＆「おはよう」
▼外出時「いってきます」＆「いってらっしゃい」
▼帰宅時「ただいま」＆「おかえりなさい」
▼就寝時「おやすみなさい」＆「おやすみ」

まず第一に、あいさつは、相手の存在を認める行為です。だから、あいさつをしても返ってこないと、「無視された」と怒りを感じるのです。逆に、あいさつをされただけで、気分がよくなるのです。

あいさつというと、一日の始まりで言う「おはよう」が特に強調されますが、他のどのあいさつも大切です。

心やすらぐ「おやすみなさい」

「お父さん、おやすみなさい」娘は、毎日寝る前に私の書斎のドアを開け、私に「おやすみなさい」とあいさつをして、寝室へ行きます。父親である私にとって、心のやすらぐ、ほっとした瞬間です。完全に習慣化して、もう1年以上たったでしょうか。同居の祖母にまず「おばあちゃん、おやすみなさい」と言いに行き、次に私にあいさつをしてから、母親といっしょに寝ています。

2年前に祖母と同居をスタート。以来、ずっと「おやすみ」のあいさつをしつけてきました。はじめこそ、娘は「あっ、忘れてた」とよく言っていましたが、ずっと言い聞かせてきて、今は自分から言えるようになったのです。（5歳女児の父）

身が美しいと書いて、躾（しつけ）と読みます。この例の中で、「おやすみなさい」と言う娘さんは、確かに美しいでしょう。そして、この父親と祖母にとって、「おやすみなさい」と言う彼女は、いっそうかわいく感じているに違いありません。

よくしつけられた子は、周囲を癒やし、周囲により愛されるのです。

これは教育（しつけ）の結果です。何も言われなくても、はじめからあいさつができる子などいません。何よりもまずわが子の幸せのために、そしてわが子とかかわる人たち（もちろん家族も含まれます）の幸せのために、あいさつの習慣が身につくようしっかりとしつけていきたいところですね。

次に、あいさつは会話のスタートになります。あいさつは、相手（の顔）を見て行いますよね。相手と顔を合わせることで、通常の会話にスムーズにつなげていくことができるわけです。しかも、だれとでも、「用件」なしでスタートさせることができます。まことに都合のよい言葉です。

「用件もないのに会話をするなんて時間のムダ」と考えて、あいさつをしない家庭があるそうです。用件がないときは、朝から人の声がまったくしないというわけです。合理的なようでいて、実に殺伐とした、あたたかみのない家庭となってしまいます。

さらに、あいさつ一つで、その人の体調や機嫌など、推しはかることができます。

「あら？　何となく元気がない。体調がよくないのかしら」とか「はずんだ声をしている。何かいいことあったのかな」というように。

あいさつから子どもの体調や機嫌を察することができれば、親はそれに応じた対応をとることができるわけです。

筆者も子どもの「おはよう」や「ただいま」の一言から「機嫌がよいね」「おや、イヤなこと（よいこと）があったのかな」と予想することがあります。ほぼあたります。

最後に、それ自体ふれあいの機会となります。時折、親子でも仲違いして気まずい関係になることがありますよね。そんなときでも、「あいさつだけはかわす」というルールにしておくことで、気まずい関係が悪化することを防ぎ、仲直りのきっかけにもなります。

筆者自身、娘の言動に怒り、仲違い気味になったことがありました。それでも、お互いにおやすみのあいさつや、外出時のあいさつはしていました。あいさつという形で最低限のふれあいはしていたので、イライラを引きずることなく、ほどなく仲直りもできました。余談ですが、これは親子げんかだけでなく、夫婦げんかでも、非常に効果的です。

あいさつは社会生活上の基本的なマナーであり、保育（幼稚）園や学校はもちろん社会に出ても必要不可欠なものです。まずは家庭でしっかりと身につけさせましょう。

あいさつのしつけ方とタイミング

あいさつのしつけ方ですが、**親がお手本を示すことが基本です。**朝のスタートから明るくさわやかなあいさつをすると、家庭の雰囲気があたたかいものになります。子どもがうまくあいさつを返したら、ほめてあげましょう。

あいさつにかぎらずしつけの一番のポイントは、その時期です。よく聞かれるのですが、**あいさつなど基本的なマナーは、保育（幼稚）園入園前後までに、遅くても小学校入学前までにしつけておくといいですね。**なぜならこの時期がもっともしつけやすいからです。小学校で言えば、低学年（8歳頃）までなら、なんとかしつけようがあります。しかし、この時期を過ぎると、我が出てきて、親の言うことをなかなか素直に聞かなくなってきます。「鉄は熱いうちに打て」と言います。小学校入学前までにしっかりと身につけておきましょう。

これはおすすめ！「見送り&出迎え」のあいさつ

ちなみに筆者は、出かけるときと帰宅のときに家族みんなで見送る・出迎えるというしつけを徹底してきました。家族の一体感が強まるので、この「見送り&出迎え」のあいさつ習慣は非常におすすめです。疲れは半減、元気は倍増。何十万円もする高価なマッサージ器もはるか及ばない癒しのパワーをもっています。

ポイント2　食卓をおしゃべりの場にする

第2のポイントは、食事の場を団らんの場、おしゃべりの場にすることです。食事が用意できたら自室から出てきて、テレビを見ながら食事をとり、食後はすぐに自室に戻って一人ひとりが好きなことをする。これでは、団らんの場、つまり癒やしの場となり得ません。食事を団らんの場にするには、その日の出来事・体験をシェアする場にすることです。

筆者の家では「グッド&ニュー（Good and New）」という、夕食時の団らんシステムを実践しています。今日一番楽しかったこと・よかったこと・ニュースとなるような新しいことを、子どもも大人も発表するわけです。簡単なので、すぐに実践できます。ご参考までに、わが家の例をあげましょう。

夕食時の団らんシステム「グッド&ニュー」

父親「それじゃ、今日の『グッド&ニュー』は何かな?」
娘「一番目が『ひな祭り会』」
父親「ひな祭り会か。で、ひな祭り会の何が楽しかったの？　心に残ったの?」

娘「ケーキを食べたこと！　二番目は『自転車に乗れるようになったこと』」
母親「そうよね。ずいぶん長く乗れるようになったわよね」
父親「お父さんは、一番が『ひな祭り会』で、二番目が『みんなで外で遊んだこと』かな。久しぶりに外で思いきり遊んで、とても楽しかったし、すっきりしたよ」……

この日は日曜日で、義母・義兄を招待してのひな祭り会をはじめ、いろいろな出来事がありました。家族いっしょに過ごしたので、筆者も妻も子どもたちの動きは基本的に知っています。それでも、何が一番楽しかったかということや、どこがどのように楽しかったのかまではわかりません。こうして、お互いの話を聴き合う中で、初めてわかります。

聞かれる本人も、どこがどう楽しかったのか、その日1日の出来事をふり返る中で、初めて気づいたり、明確になったりします。つまり、感動をもう一度再現し、深めているともいえますね。さらに、その再現の過程で「楽しかったね」「おいしかったね」……等々、お互いの体験を共有・共感しています。

このことが、まさに家族のあたたかさに触れるということであり、癒やされるひとときでもあり、継続していくことで家族の絆も深まっていきます。

わずか15分ほどのことですが、わが家では毎日続けてもう10年以上になります。なお、この食事の際の団らんは、その日の出来事をシェアするという意味では夕食時が望ましいでしょうが、親や子の帰宅が遅い場合など、朝食時であってもかまいません。

このように、今日一日のよかった出来事、ニュースとなるような出来事について紹介し合い、聴き合う「グッド&ニュー」という場をもうけるのです。たとえば、「漢字テストで合格点をとった」「縄跳びで二重跳びができるようになった」……など、努力が実った結果を報告し合います。「ほう、それはがんばったね。よかったね」といっしょになって喜び合うのです。

「20分休みに、マラソン大会に向けて練習してるんだよ」などの場合もあります。「へえ、がんばってるんだね。マラソン大会はいつあるの?」「○月□日」「そう、じゃあ、お母さんも、応援に行こうかな」というように、**がんばりを認めたり、情報を収集しスケジュールを立てたりする場にもなります。**

学校生活のヒントにも——コンサルティング機能も果たす

子「学校で本係になったんだけど、何かいいアイデアないかなあ」

親「本の内容についてヒントを3つ出して、題名をあててもらうクイズなんてどう？　たとえば、〈犬・さる・きじ〉、〈宝物〉、〈鬼ヶ島〉だったら、何というお話？」
子「桃太郎。あ、これいいね。やってみる！」

このように、コンサルティングの機能を果たすこともあります。また、直接教える場にもなります。たとえば、子どもの事故の新聞記事をもとに、事故原因や対策など、子どもの興味を喚起しながらタイムリーに教える場になるのです。

食卓で「安全教育」にも活用――タイムリーに教える場

筆者は朝の出勤前に、一通り新聞に目を通します。5、6分ぐらいでしょうか。その間、大事だと思う記事には、付せんをつけておきます。9月3日につけた付せんが、「小2ため池に転落死亡――夏休み最後の日　虫捕り中――」の記事です。

その日の夕食時、家族そろっておしゃべりしている際に、さっそくその記事について、父親である筆者は話しました。

父親「昨日、小学校2年生の男の子が池に落ちておぼれて亡くなったよ」

母親「まあ、どうして！」
父親「何でも虫捕りをしようとして、１・３メートルのフェンスを乗り越えて池の近くに行ったそうだ」
娘「１・３メートルなら、私の背よりも高いよ」
父親「池の深さは、約５メートルだからもっともっと深いんだよ。前にも中学生が池に落ちて亡くなった事故があったから、市は「あぶない」という看板と、フェンスを取りつけたそうだよ。いくら虫が捕りたくても、そういうところに入ったらだめだよ」
娘「……」
母親「前の記事には、親よりも先にどんどん走っていって、フェンスなしの崖から落ちて亡くなった子どもの話ものっていたわ」（フェンスがなくても、危険はあるという意味を伝える）
父親「そうなんだ。だから旅行に行くと、お父さんが先！と言って、お父さんが最初に行くだろう。安全かどうかお父さんがまず調べているんだよ」

事故や事件などがあったら、できるかぎり早くそのことについて子どもたちに話すことが大切です。本当にあった話は、インパクトがあり、貴重な安全教育の機会になります。

命を守るための教育は、とても大切なことです。このように、食卓が団らんの場になっていれば、タイムリーに話すことができるのです。

団らんの場に出されるのは、よいことばかりではありません。「友達に嫌いだと言われた」「いじわるをされた」などの場合もあります。

いじめ・不登校を未然に防ぐ——カウンセリングの場

午後7時過ぎ、いつものようにテレビを消し、親子で夕食を始めました。この春小学校に入学したばかりの息子に、「何かいいことはあった?」と聞いてみました。

息子「○○くん、イヤだ。ぼくの悪口を言うんだもん」

母親「何かイヤなこと言われたの?」

息子「ぼくのこと嫌いだって」

母親「まあ……」

息子「給食のとき、こそこそ悪口を言ったり、蹴ってきたりしてイヤだ。ぼくのこと嫌いだって聞こえたんだ」

母親「嫌いだなんて言われて、イヤだったのね。でもお母さんは、あなたのこと大好きよ」

ふり返ってみると様子がいつもとは違いました。言葉づかいも動作もいつもより荒っぽく感じました。きつく注意しようかと思ったほどです。ですが原因はわかったので、気持ちを受け止め、お母さんもお父さんも大好きだよと伝えることで少し落ち着いてきました。そして、いつものようにカードゲームでいっしょに遊んだり絵本を読んであげたりするうち、おさまったのです。息子は、イヤなことを言えないでこもるタイプなので、口に出せてほっとしたようです。「夕食時の団らんを大切にしてきて本当によかった」と思いました。(6歳男児の母)

もしこの家庭がテレビを見ながら会話もなくただいっしょに食事をしているだけという家庭だったとしたら、どうなっていたでしょうか。この子は、落ち着かないままで、その後も何度か叱られて、寝ることになっていたかもしれません。幸いなことに、夕食時の団らんのおかげで、親は子どもの話をよく聞いてやり、つらい気持ちを受け止め、支えてあげることができました。

このように、団らんは、カウンセリングの機能をも果たす機会にもなります。この意味では、よいことばかりでなく、困ったことも言える場にしておくとよいでしょう。

また、スケジューリングの場、ちょっとした家族会議の場にもなります。「○月□日のマラソン大会の応援をどうするか」「今度の土日には、○公園へ花見に行こう」というようなちょっとした計画についての話し合いです。

会話マナーを教える場にも

これ以外にも、食事や会話のマナーを直接教える場にもなります。たとえば、「相手の話をきちんと聞く」「質問にはきちんと答える（わざと答えないことを容認しない）」などは重要です。

具体例は割愛しますが、わが家では、特別の理由がないかぎり、聞かれたことに返答しないのは厳禁になっています。これは、お互いに気持ちよく会話をするのに必要なルールであり、マナーであると考えています。また、これは家庭の外でも同様に大切なルールであり、マナーでしょう。

そのためにはまず、親がお手本を示して、うわの空ではなく子どもの話を関心をもって聞くことです。

忙しいからといって、「後で」とか「ふんふん」などと生返事をしていませんか？　子どもには自分の話を聞いてもらうばかりでなく、親や兄弟姉妹の話も聞くように促していきましょう。すると、保育（幼稚）園や学校でも先生や友達の話をしっかりと聞ける子に育つのです。当然、話を聞ける子の方が賢く育ちます。

また、マナーとして、親への汚い言葉づかいなどは、決して容認してはいけません。わが家の例ですが、テレビ番組の予約を忘れていた妻に対して、娘が「なにボケてんの」と言ったことがありました。筆者は、「お母さんに対して、その言葉づかいは何だ！　すぐに謝りなさい」と強く叱責しました。もちろん、娘はすぐに謝りました。

親への「敬」は大切です。バカにするような言い様は絶対許さないとして、断固たる対応をすること。ここをはっきりとさせておかないと、長じて親をバカにするようになったり、はたまた親でなくとも他の年長者に対しても態度の悪い人間になってしまいます。

このように、「食卓を団らんの場にする」ことは、次の7つの教育的価値があるのです。

①お互いの出来事や体験を共有・共感する場になる。
②努力したこと・がんばった結果を、ほめてあげる場になる。
③わからないこと・困っていることなどの相談にのり、解決の見通しを立てるなどコンサルティングの場になる。
④安全教育など、タイムリーに直接教える場になる。
⑤イヤなことを聞いてあげて子どもの心の傷を癒やすカウンセリングの場になる。
⑥学校行事に参加するためのスケジュール調整をしたり、週末の家族イベントの計画を立てたりする場になる。
⑦食事や会話のマナーを教える場になる（相手の話をきちんと聞く。質問にはきちんと答える。汚い言葉づかいをしないなど）。

さっと食事をしては各自が自室にこもる家庭とは、天と地の違いです。

実際、食事の際団らんを大切にする家庭では、子どもの元気が回復するばかりでなく、知

的にも精神的にも社会的にも大きく成長します。

ポイント3　親子でふれあい遊びをする

第3のポイントは、親子でふれあい遊びをすることです。

子どもは本来エネルギーにあふれた、活動的な存在です。話を聞いてもらいたいばかりでなく、体を動かして遊びたいのです。**そうした活動欲求を満たしてあげることでも、子どもは大いに癒やされリフレッシュされます。**

とはいえ、皆さん、忙しい毎日を送っていることと思います。いつ・どのくらいふれあい遊びをするかですが、共働きの方であれば、夕食後ということになるでしょう。主婦の方ならば、日中にすることもできますね。朝食後が一番ゆとりがあるという家庭もあるでしょう。時間帯については各家庭の事情によって違ってきます。

遊びの時間ですが、正味10分間程度でＯＫです。準備や片づけを入れても、15分間ぐらい。これぐらいなら、親御さんも少々疲れていても子どもの相手をすることができるでしょう。

毎日でなくても、曜日を決めて週2、3回でもかまいません。

ふれあい遊びの内容ですが、原則として子どもの希望を優先して決めるとよいでしょう。

ただし、DVDの視聴などではなく、親子が直接ふれあえる遊びがいいですね。特に小学校低学年までは、コンピューターゲームなどよりも、実際に体を動かす遊びがおすすめです。

左のページに、おすすめの「親子でふれあう室内遊び」の例をあげておきます。親子でのふれあい遊びを好むのは、10歳ぐらいまでと思われるので、10歳までを想定した、親子で楽しめる室内遊びメニューです。

「サッカーや野球が室内でできるの⁉」と思われた方もおられるかもしれませんね。6畳の部屋で十分に楽しめるのです。たとえば、サッカーはビーチボールをボールにして蹴りあい、相手の側の壁につけばゴールです。2人でも3人でも4人でも楽しめます。

野球はプラスチックのバットとスポンジボール（大きめ）があればOK。1塁だけでいいでしょう。あるいは塁などもうけず、1人が投げて1人が打つ。5回打ったら交代というルールでも楽しめます。女の子でも大丈夫です。

的当てなど、イスの上にぬいぐるみを置いてそれをスポンジボールであてて落とすなど、

体を動かす室内遊びの例

●ビーチバレー　●サッカー
●ボーリング　●キャッチボール
●野球　●魚釣り遊び　●輪投げ
●的当てゲーム　●相撲　●指相撲　●柔道

知的な室内遊びの例

●トランプ（ばば抜き、七並べ、スピード……）
●UNO　●花札
●カルタ（俳句カルタ、ことわざカルタ、しつけカルタ……）
●お店屋さんごっこ　●ままごと遊び
●すごろく　●あやとり　●ジェンガ
●しりとり遊び

一人でも遊べるがいっしょに遊べるもの

●積み木　●ブロック　●ピースパズル
●粘土遊び　●紙工作　●折り紙
●ぬりえ　●お絵かき　●アイロンビーズ　……

いろいろなバリエーションがあります。基本形を教えれば、子どもの方で工夫し始めますよ。もちろん、日中ならば、公園の固定施設・遊具（ブランコ、ジャングルジム、すべり台、鉄棒、砂場……）を使っての遊びがおすすめです。また、プールに連れて行ったり、実際に川遊びや魚釣りに連れて行ったりするなどもよいでしょう。

「ふれあい遊び」は、親子でふれあい楽しむのが一番のねらいですから、いっしょに思いきり楽しめばそれでいいのです。子どもが満足するためには、遊ぶ内容は子どもにまかせるなど、遊びの主導権は子どもに渡すのが原則です。

あくまで楽しむことがねらいですから、「〜したらダメじゃない」とか「下手だなあ」といった批判的・否定的な言葉は避けること。

「そうだね」とか「すごいね」など、共感したりほめたりする言葉がけをしましょう。

いっしょに遊ぶことのメリットは、単にリフレッシュして元気が回復するだけではありません。「よく遊び、よく学べ」という金言どおり、子どもは、遊ぶことでたくさんのことを学んでいます。たとえば、次のようなことです。

▼コミュニケーション能力

▼社会性（遊びのルールを知り守る（ズルをしない）、負けを受け入れる、相手を思いやる）

▼運動能力（投げる、とる、歩く、走るなど基礎的な運動能力、目と手の協応動作・手の巧緻性など）

▼粘り強さ・集中力

▼段取り力（準備や片づけを含む）・計画性

▼多面的な知的能力（それぞれの遊びの特性に応じた言語能力・数処理的能力・イメージ力・創造力）

そして、何よりも親子の絆、信頼関係を強めることになります。楽しくふれあい遊びをすることは、一石二鳥どころか三鳥、四鳥にもなるのです。

遊びの間の10分間というのは、意外と長い時間でけっこう深いかかわりが持てます。しかも、10分間だとかなり疲れていても、そんなに無理なく続けられるのです。

短い時間でも子どもは満足します。なぜなら、自分の希望を最優先してもらえ、しかも大好きな父母と遊べるのですから。

もちろん、親も、満足している子どもたちの姿を見ることで、十分満足できます。

正味10分間でいいのです。親子で楽しく遊びましょう。そうすれば、親子の絆が深まり、強い信頼関係が築かれることでしょう。

ポイント4　お手伝いをさせる

第4のポイントは、「お手伝い」です。これは、コミュニケーションの機会にもなりますし、思いやりの心も育てる他、たくさんの教育的価値があります。炊事・洗濯・そうじなどができるようになることは、将来、自立するうえでも不可欠です。

例をあげるときりがないのですが、たとえば楽しい食事の際のおしゃべりタイムとからめて、できるだけ、配膳や片づけなどを子どもといっしょにやりましょう。食前・食後の雰囲気がよくなりますからね。

また、お母さんが配膳や片づけをしているのに、その間、子どもはテレビを見てまったく手伝おうとしないというのは、しつけという観点からも好ましくありません。

子どもが家族の一員としてお手伝いするようになることは、子育て上きわめて大切なことなので、第3章の原則5（P171）で詳しく書いています。そちらを参照してください。

ポイント5　デザート・入浴・読み聞かせタイムをもうける

ここまで読み進めてきて、「帰宅は早くても夜8時過ぎ、たいてい9時過ぎだ。子どもと食事をともにしたくても、とてもできない」と不満をもたれた方も多いでしょう。

では、どうしたらよいのでしょうか。大丈夫です、対策はあります。

第5のポイントは、「食後にデザートタイム、入浴タイム、寝る前の読み聞かせタイム」などをもうけることです。

食後にデザートタイムをもうける

これなら、夜8時過ぎでも大丈夫です。胃腸の負担を考えると、消化のよい果物がおすすめです。子どもが好きな果物を出せば、花の蜜に群がるミツバチのように集まってきます。「おいしいね」と言い合いながら、なごんだところで、「今日はどうだったかな？」と会話を始めればいいのです。

デザートタイムを成功させる留意点は、「食い逃げを許さないこと」。食べるだけでなく一言は何か話すように習慣づけるとよいでしょう。また、高学年のお子さんなどにはテスト期間中だからとか宿題をやっているからというような理由で、個室に運んだりしないようにしましょう。

入浴タイムをいかす

入浴は、貴重なスキンシップの機会です。リラックスした中での会話になりますから、とてもよいふれあいの場となります。

たとえば背中に文字を書いて何という文字を書いたか当てっこをしたり、しりとり遊びをしたり、「おちゃらか　おちゃらか　おちゃらかほい」といったじゃんけん歌遊びなども楽しいですね。

リラックスしたところで、学校での様子を聞くと、いろいろ話してくれます。「グッド&ニュー」を入浴時に実践するわけです。

筆者は、子どもが楽しかったこと・子どもが聞いてほしいことを聞くようにしています。「今日はどんな楽しいことがあったの?」など、プラスの話題を心がけているのです。子どもが思い出すだけで楽しい出来事ならば、話ははずむし、笑顔も多くなるからです。

親の心配から、つい「今日はイヤなことはなかったか、いじめられなかったか」というようなことばかり聞いてしまいがちですが、（長い1日の中に、1つか2つぐらいイヤなことはあって普通でしょう）話が沈みがちになって、子どもは親と話すのもイヤになってきます。

もっとも、子ども自身がイヤなこと自体を聞いてほしい場合は別です。いつもと違って表情が暗かったり、言動が荒れたりするので、まず表情や言動などよく観察しましょう。

こうして親も子も体の汚れといっしょにストレスも洗い落とすことができるのです。

寝る前の読み聞かせタイムをもうける

子どもが小さいうちなら5分や10分で、絵本を3冊から5冊読んで聞かせることができます。もちろん、親御さんによってはへとへとで何冊も読めないという方もおられることでしょう。それでしたら1冊でもいいのです。

子をもつ知人男性から次のような話を聞く機会がありました。

親子の絆を深めた「寝る前の読み聞かせ」

私は、息子が1歳の頃から10歳頃までずっと、寝る前に読み聞かせをしてきました。いっしょにふとんに入り絵本を読んであげるその時間は、私にとって、わが子とふれあう至福の時間でした。一方、息子にとっても、父親に抱かれながら、好きな絵本を読んでもらうことは、楽しい時間だったようです。「ねえ、続き読んで！」という声を今でも思い出します。

寝る前の読み聞かせは、何よりも親子の絆を深める時間でした。そして、もちろんわが子の心と頭を育てる時間でもありました。仕事が忙しく夕食をいっしょにとれないことも多かったのですが、この習慣だけはがんばって続けました。

今は中学3年生になり、大の読書好きに育った息子は、「お父さんに読み聞かせてもらったことがとても思い出に残っている」と話してくれました。（15歳男児の父）

この父親は、仕事が忙しくても子どもとかかわれる「寝る前の読み聞かせ」を通して親子の絆を深めました。そして、わが子を読書好きに育てることにも成功しています。この読書の習慣づけは、将来の学力にも大きく貢献します。これをやってあげるだけでも、親子のふれあいとなり、子どもの心身の成長に大きく貢献できるでしょう。

寝る前の読み聞かせがむずかしいならば、寝ているわが子にキスでもして、「おやすみ」と言ってあげましょう。

そして、ふれあいの時間は翌朝、あるいは土・日などの仕事のない日にまとめてもつ、ということになります。まとまった分、ストックされる情報も多いでしょう。

ただし、1週間に1回は、親子の団らんの時間をもつことを強くおすすめします。

以上の5つのポイントをおさえることで、家庭がやすらぎの場になり、リフレッシュするばかりでなく、運動的な側面も、情緒・社会的な側面も、知的な側面も育っていきます。

子どもたちは、学校で疲れて帰ってきても、家族に癒やされ元気を取り戻します。そして、家庭で多くのことを学び、すくすくと成長していきます。

親たちもまた、仕事で疲れて帰ってきても家族に癒やされ、元気を取り戻すことができるのです。

忙しくても大丈夫！　必ずできる3つの方法

「家庭をやすらぎの場にする？　確かにすばらしい考え方だけど、でも帰宅は、いつも夜9時過ぎ。現実にはとても無理！」

こんな声が聞こえてきそうです。実現は、確かになかなかむずかしいでしょう。「仕事が忙しくて……」をはじめとする、さまざまな障害がありますからね。

ここでは、これらの障害を乗り越える方法を紹介します。

方法1　何が何でも「家族優先の日」をつくる

いつも帰宅が夜中というような親御さんにとっては、毎日そのような時間をもうけることは無理でしょう。**だから、少なくとも週1回、日曜日ないし土曜日くらいは、仕事に忙しい父親であっても、「家族を優先する日」をつくることです。**

これなら何とか可能ではないでしょうか。丸1日、家族を優先する日にしなくてもよいのです。「近くの公園で遊ぶ」「プールに連れて行く」「かるたやトランプなどの簡単室内ゲームをする」「キャッチボールをする」など、2時間でもいいのです。

最大のポイントは、「何が何でも『家族優先の日』をつくる」という強い決意です。そして、実際にそれを継続することです。

土日に家族とふれあう習慣のなかった仕事人は、はじめはたとえ1時間でも、ある意味苦痛に感じることでしょう。筆者自身、「今日は、週1回の家族優先の日なんでしょう！」と妻に言われて重い腰を上げたり、仕事を優先しようとして叱られたりしました。それでも、1年もたつと完全に習慣化しました。

今では、「家族優先の日」をもうけて、絶対によかったと断言できます。おかげで、家族との絆、楽しい思い出も増え、存在感のある父親になれましたから。

某有名企業の社長も、創業時の忙しい中であっても、子どもたちとのふれあいを最優先にし、親子のふれあいの時間（週1回2時間）を確保していたそうです。

要は、決意なのです。家族を本当に大切に思っているかどうかが、この家族を優先する日をもつかどうかでわかります。仕事はもちろん大切ですが、刻一刻と成長するわが子と過ごすひとときは、もう二度と戻ってこないかけがえのない時間であることを思い出してください。

方法2　テレビやコンピューターゲームなどの邪魔者を消す

これが親子の会話やふれあいの障害になっているケースが多いのです。夕食の団らん時など、大事なニュースがなければ、テレビを消すか録画して後で見ることをおすすめします。

また、夕食後はコンピューターゲームは一切控えるというルールをあらかじめ決めておくとよいでしょう。

この「テレビやコンピューターゲームなどの邪魔者を消す」というルールは、普段の家庭生活ばかりでなく、旅行の際にも、ぜひ守ることをすすめます。せっかく家族で温泉に行っているのに、「風呂上がりのリラックスしている場面で、親子の会話はなく子どもは一人でゲーム機にはまっている」という場面を何度も見てきました。

オーナーのポリシーでテレビを一切置いていないペンションがあります。ある父親は、「テレビが置いていないなんて、いったいどういうことだ!」と怒ったそうですが、夕食後、その家族はみんなでトランプをしてとても楽しそうだったそうです。まさにオーナーのポリシーにそった展開になったのです。

ちなみに、10歳（少なくとも8歳）の誕生日を過ぎるまでは、コンピューターゲームの類いを与えない方がいいでしょう。（詳しくは第3章の原則6（P183）にゆずります）

方法3　習い事でスケジュールを埋めすぎない

子どもが親と親密に遊ぶのを好むのは、長くても10歳頃まででしょう。その貴重な時期に学校から帰ってきてからの時間を習い事で埋めつくしてしまったら、親子のふれあいの時間がなくなってしまいます。

子どもが親とのふれあい遊びを求めるというのは、その発達段階において必要だということです。子どもが小さいうちに思いきりかまってあげましょう。

「ねえ、お父さん、遊ぼう」と言ってくれる時期は永遠に続くわけではありません。親子のふれあい遊びには賞味期限があります。先に書いたように、10歳を過ぎると、子ども自体があまり欲しなくなってきます。親よりもむしろ友達同士のかかわりの方を好むようになるのです。

家庭がやすらぎの場になれば、子どもは必ず変わります

こうした努力が実り、家庭がやすらぎの場になったとしたら、どうでしょう。

子どもたちは、学校で疲れて帰ってきても、家族に癒やされ、再び学校で学ぶ元気を取り戻すことができます。これこそいじめや不登校、低学力などを未然に防ぐ、最大の防御です。

悩みを未然に防ぐことにもなるのです。

そのために、親たちは仕事に疲れた体にむち打って子育てにがんばる？

いいえ、それはちょっと違います。

子どもたちにとってやすらぐ場は、親にとってもやすらぐ場なのです。

仕事でためたストレスを子どもとのふれあいで解消することができるのです。

たとえば夕食後のカードゲーム大会。大人になると遊ぶ機会は減りますが、けっこう真剣勝負です。ＵＮＯやトランプなどは子どもでもかなりの強敵になります。

家族でわあわあきゃあきゃあ言い合いながら、勝負に熱中すると、仕事や人間関係のストレスが抜けていくのを感じるでしょう。

筆者の家でも、家族でゲームで盛り上がった後、果物やお菓子をみんなで食べる、という習慣があり、非常にストレス解消の場となっています。

ストレス解消として、一人でコーヒーを飲んだり、一人でおいしいものを食べたり、一人で好きな音楽を聴いたりもいいでしょう。それも効果はありますが、「配偶者にグチを聞いてもらう」「子どもと遊ぶ」「家族みんなでおいしいものを食べる」ことの効果は強力です。

こうして親たちもまた、仕事で疲れて帰ってきても、家族に癒やされ、再び職場で働く元気を取り戻すことができるのです。

子どもたちだって、学校で先生に叱られたり、友達とうまくいかなかったり、勉強がよくわからなかったりするなど、イライラしたりストレスを感じたりすることがあるでしょう。そんなとき、親にグチを聞いてもらったり自分の希望の遊びで家族みんなで遊んだりおいしいものを食べたりすることは、子どもたちのイライラやストレスを減らす、癒しとなるに違いありません。いや、すでにこれまでそのような役割を大いに果たしてきたに違いないでしょう。

親が率先して家族一人ひとりに気づかいを示すこと。それは、大変なことではあります。仕事から疲れて帰ってきた親にしてみれば、癒やすよりも癒やされたいところでしょう。でも、疲れて帰ってきているのは、子どもも同じです。

仕事から疲れて帰ってきても、親が家族に気づかいを示すことは、子どもにお手本を示すことにもなります。その結果、あなたが疲れているとき、あなたに優しく接する子に育つで

しょう。次に紹介する例のように、いずれ優しく成長した子どもたちに、あなた自身が癒やされリフレッシュできるようになるのです。

洗ってあった食器

夕食後、私は後片付けもそこそこにＰＴＡの会合に出席すべく駆け足で家を出ました。９時頃帰宅すると、食器はすべてきちんと洗われ、食器棚に片づいていて、ふとんまで敷いてありました。子どもたちが疲れている私を気づかって、頼みもしないのに食器の後片づけをしてくれていたのです。疲れが抜けていくようでした。思いやりのある子に育ってくれた、とうれしくなりました。（９歳女児・７歳男児の母）

くり返しますが、子どもにとって、「家庭がやすらぎの場になっている」とき、子どもは元気を回復し、外での日々の試練に挑戦し続けることができます。やすらぎのある家庭は、子どもにとっても親にとっても強力なセーフティーネットとなるのです。

第 3 章

子どもを
教え育てるための
9つの原則

親には子どもを教え育てるという役割があります。

はじめにでも紹介したように、筆者は教員として30年、親としても16年以上子どもを教え育てるという役割を果たしてきました。第3章ではこれらを通して身につけてきた子どもを教え育てるための原則を紹介します。きっとあなたの子育てにも役に立ち、子育ての悩みの多くを解決してくれることでしょう。

原則1　「どんな子に育てたいのか」というビジョンをもちましょう
原則2　興味をいかしてやる気を引き出しましょう
原則3　子どもをできる状態において挑戦させましょう
原則4　ネバーネバーネバーギブアップでいきましょう
原則5　お手伝いをする子に育てましょう
原則6　教育環境を整え、現代の凶器から子どもを守りましょう
原則7　親の「言葉の重み」を取り戻しましょう
原則8　子どもがわかる・できる・やりたくなる「指示」を出しましょう
原則9　感情に流されず立ち止まって考えましょう

原則1「どんな子に育てたいのか」というビジョンをもちましょう

子育てのビジョン、もっていますか？

日本全国津々浦々に小中学校がありますが、どんな学校にも例外なく必ずあるものがあります。それは、「学校の教育目標」です。教育目標とは、「この学校では、こんな子どもを育てるように教育しますよ」ということ。いわば「子育てのビジョン」です。

たとえば、筑波大学附属小学校は、「人間としての自覚を深めていく子ども。文化を継承し創造し開発する子ども。国民的自覚をもつ子ども。健康で活動力のある子ども」という教育目標を設定しています。インターネットで調べれば、自分の子どもの通う学校の教育目標はすぐにわかりますから探してみてください。この教育目標の達成をめざして、教師たちは、力を合わせて日々指導を積み重ねていくわけです。

ところが、不思議なことに、家庭教育においては、「どんな子に育てたいのか」というその家庭の教育目標、「子育てのビジョン」がない、なんとなく思っていてもきちんと明文化されていないのです。

たとえて言えば、設計図もないのに自分の家を建て始めているようなものです。これでは、見栄えばかりよくて土台がしっかりしていない家ができたり、内装や間取りが悪くて住み心地の悪い家ができたりしても無理はないでしょう。


もし子育てのビジョンが明確でなかったら、どんな刺激を悪影響ととらえてブロックするか（防波堤の役割）、どんな刺激を価値あることととらえて奨励するか（よりよい教育環境を整える役割）の判断があいまいになります。


つまり、何を教え何を育てるのかという教育内容の選択や、どのような方法で教え育てるのかという教育方法の選択の基準があいまいとなり、行き当たりばったりの一貫性のないものにならざるを得ないのです。

子どもにどんな模範を示したらよいのか、子どものどんな言動をほめ、どんな言動を叱ったらよいのか、親自身もあいまいになってしまいます。賞罰の基準も、流行や周囲の価値観、そのときの気分にすら左右され、行き当たりばったりの一貫性のないものになりがちです。

こうした状態で親はどうしてわが子を導いていけるでしょう。

夫婦で大切にしたい価値観が違う場合も問題です。一方が「勉強しなさい」と言い、一方は「勉強より家の手伝いをしなさい」と言うならば、子どもはとまどってしまいます。**ぜひとも夫婦で「どんな子に育てたいのか」を話し合って決めておきましょう。**

子育てのビジョンづくり2つのポイント

では、どんな子育てのビジョン（家庭の教育目標）をもったらよいのでしょうか。

ポイントは、大まかにいって2つあります。

ポイント1　親が心から大切に思っている価値観を反映させる

教育現場において顕著ですが、教師が「これが大切なのだ」と心から思っていることに向かって、子どもは成長していきます。「あいさつが大切だ」と心から思って全校一体となって取り組むと、子どもたちのあいさつは向上します。「学力が大切だ」と心から思って徹底して指導すると、やっぱり子どもたちの学力は向上します。

大切な価値観を反映した姿が見られるよう、教師は具体的に働きかけます。そうした姿が見られたらほめますし、それに反する姿は叱責の対象になるわけですから、当然といえば当然です。あたかも植物が日光に向かって成長するように、子どもは日の当たる方向に成長していくのです。

家庭においても同様に、子どもは、親が大切だと思う方向に向かって成長していきます。

助け合いが大切だと思えば、お手伝いをしっかりとさせるでしょう。テレビやゲームにかまけてお手伝いをしない場合は叱責の対象となるでしょう。学力が大切だと思えば、絵本を読み聞かせて読書好きに育てたり、親自身がそばにいて教えたり、塾に通わせたりするでしょう。こうして働きかけを受けた子どもは、その方向へ成長していくわけです。

つまり、親が心から大切に思っていることを明確化した「子育てのビジョン」をもつことで、子どもをその方向へ成長させることができるのです。

親が心底大切に思っていることは、子どもにも迫力をもって伝わります。流行や周囲の価値観によって右往左往することなく、一貫して働きかけることができます。

さらに、そうしたビジョンをもつことで、そのビジョンを達成するのに必要な情報も集まりやすくなります。
たとえば、わが家のケースですが、夫婦で話し合った結果、次のようになりました。

子育てのビジョン「どんな子に育てたいか」

1 思いやりのある子（相手の気持ちがわかる）
2 元気で明るい子（健康で前向きに考えられる）
3 あいさつがきちんとできる子（おはよう・いただきます・いってきます・ただいま・おやすみなさい……）
4 しつけの身についた子（靴をそろえる、ありがとう・ごめんなさいを言える）
5 賢い子
6 段取りのできる子（計画する力）
7 自分で自分の身を守れる子（危険を予知し避けたり、心身や財産を安全に守ったりする力）
8 他者と協力する力（共同体感覚・社会性・協調性）

短くは、「かしこく・つよく・あたたかく」と語呂よく言っています。

ポイント2　知徳体の3つにわたってバランスをとる

つまり頭も心も体も大切だということです。

これに社会性を含めることも重要です。わが家流に言えば、「かしこく・つよく・あたたかく」ということです。

よく見かける子育てビジョンの一つに、「勉強だけできればよい」というのがあります。「かしこく」の中の、とりわけ「読み書き計算」の類い、「いわゆる勉強に相当するところがよければよし」とする考え方です。

勉強だけできれば、それでOK？

ある幼児教育についての本を読み、一人息子に早期教育を施した母親のセツコさんは、「勉強ができる」ほとんどこの一点のみを大切にした教育方針を立てました。

カードを使って字の読み方を教える。小さな点（ドット）のたくさんついたカードをすばやく何枚も提示して数の概念を教える。動物や昆虫、ものの名前を（実物というよりは）絵本でたくさん教える……。

その結果、確かに勉強はずば抜けてできる、成績のよい子に育ちました。しかし、母親にべったりで親しい友達はなく、お茶すらいれることのできない、勉強以外はほとんど何もできない――ビジョンどおりの――子どもになりました。

ある一点だけはずば抜けてはいるものの、大事な自立面、社会性、基本的な運動能力の欠けた子どもが――いわゆる生活力の欠けた子どもが――長い人生を幸福に暮らしていけるかどうか、大いに疑問です。

これは勉強にかぎりません。「サッカー（野球、ピアノなど）だけできればいい」「学力なんていらない、生活力だけ身につければよい」……このようなアンバランスな、親が大切だと思うところだけうまく育てばいいという教育方針は危険です。これでは、親は満足するかもしれませんが、子どもはたまりません。

親がどのような子育てのビジョン（その家庭の教育目標、教育方針）をもつかは、子どもに決定的な影響を及ぼします。

先の例のセツコさんにしても、「自立するということや運動面、社会性も大切にして育てていこう」という教育方針であれば、息子さんの現状は大きく変わっていたことでしょう。

昔から「知徳体の教育」と言われるように、頭も心も体もどれも大切です。社会性もふくめ、バランスのよいビジョンをつくってみましょう。

コラム1

その時期にふさわしい発達課題に挑戦させましょう

もう25年も前の話です。

当時小学校1年生を担任していた、ベテランの女の先生がこうこぼしていました。

「A君は、ボーッとしていて何でもペースが遅いのよね。困るわー。でも、原因がわかったの。A君は初孫で、同居のおじいちゃんとおばあちゃんがそれはもうかわいがって……。朝、登校しようと玄関へ行くと、靴はスーッと出てくる。後ろからランドセルはスーッと背負わせてくれる。こんな調子なのよね……」

子どもにはそれぞれの時期に応じて発達課題があります。自分で起きる。自分で着替える。自分で歯を磨く。自分で後片づけをする……。それらの課題を上手に乗り越えていけるようにサポートすることが親の役割です。

この場合で言えば、靴を履く、ランドセルを背負うなどは当然自分でやるべき課題ですね。それを祖父母がやっているものですから、子どもはその課題に挑戦できずにいます。その結果、学校で何でもペースが遅いと担任の先生から言われ、おそらくは本人もしんどいのではないでしょうか。家では何でも祖父母がやってくれるのに、学校では自分でやらなくてはならないわけですから。

本人が自分で発達課題に挑戦しなければ、できるようにはなりません。成長しないのです。

何がA君の成長を止めているのでしょうか？

それは祖父母の対応です。

では、祖父母にそのような対応をとらせているのはなんでしょうか？

祖父母（親のケースももちろんあります）の「いつまでも幼いままで（かわいいままで）いてほしい。かわいがっていたい」という願望です。言葉は悪いですが、「子どもをペット（着せ替え人形）としてかわいがっていたい」というような願望でしょう。

これは祖父母（親）の願望の一部であって（それも成長させたいという願いに比べればばか

なり低いレベルの願望です）、祖父母（親）の役割ではないでしょう。

その時々のわが子の発達課題に挑戦させ、それを乗り越えさせるべくサポートすることが、親の役割の本筋です。

わが子が本当にかわいいなら、わが子が将来しんどくなるような、自分のことが自分でできない子に育ってしまうような対応——発達課題を奪うこと——をしないことです。

つまり、その時期にふさわしい発達課題に挑戦させましょう。

原則2 興味をいかしてやる気を引き出しましょう

子どもが物事（遊び・勉強等）に取り組むことができないとても重要な要因に、「やる気がしない」ということがあります。

親としては、「能力的にできないなら仕方ないが、やれるだけの能力も、可能性も十分あるのに、なぜやらないのか」と思い、叱責（いわゆるアメとムチのムチ。外発的動機づけといいます）することでやらせようとします。

「やる気がしないからしない」を認めてあげましょう

しかし、子どもがやれるだけの能力も可能性も十分あるのに「やらない・やろうとしない」のは、そもそもやることに興味がもてないからです。

「やる気がしないからしない」ことも、立派な理由として親はまず認めましょう。実はその方が得策なのです。なぜでしょうか。

大暴れして学校の健康診断を受けなかった子ども

「怖いからイヤだ！」と大暴れして健康診断を結局受けることができなかったユウタ君（7歳）という子がいました。教師たちは、健康診断の意味や価値を当然のことながらわかっていました。しかも、受けないと親御さんが後日わざわざ病院に連れて行くはめになります。そこで、イヤがるユウタくんの両手両足をもって医師の前まで連れては行ったのですが、やれたのはそこまで。ユウタくんは口を絶対に開けることなく、診察はできませんでした（後日、親があらためて病院へ連れて行きました）。

教師は、健康診断の意味や価値を理解していますが、ユウタ君はその意味がわからず、口を開けるのが怖いだけだったのです。口を開けたり胸を広げたりすることがイヤでも、健康診断の意味や価値を知っている子は、抵抗しないで医師に協力します。

この場合、無理やり押病院に連れて行くよりも、「子どもが自ら健康診断を受けたくなるように健康診断の意味や価値を理解させること」に労力をさいた方がよいでしょう。

やれるだけの能力が十分あるのに、「やる気がしないからしない」というのは、許さない・叱責に値する――こうした考え方からは、どうしたらやる気を引き出すことができるだろうという建設的な発想がそもそもわかないのです。したがって、あいかわらず叱責という北風を送り続け、子どもとの関係をますます悪くしてしまいます。

「やる気がしないからしない」ことも、立派な理由だと認めるなら、「どうしたらやる気を引き出すことができるか、興味をもたせることができるか」というように建設的な発想に切り替えることができます。

やる気を引き出すには「興味をもたせる」のがベスト

ではどうしたら子どものやる気を引き出すことができるでしょうか。

それは、まず子どもに「その活動への興味をもたせること」です。

興味をもつとは、やることの意味や価値を知っているということなのです。

アメリカの哲学者、教育学者、社会思想家のジョン・デューイ教授は、『民主主義と教育』（原題：Democracy And Education）第10章「興味と訓練」の中で次のように語っています。

「……興味という語は、語源的には、間にあるもの――もともとは離れている二つのものを結びつけるもの――を暗示する。……学習では、生徒の現在の能力が最初の段階であり、教師の目標が遠くの極限点を示す。両者の間には、媒介――すなわち中間的状況――がある。つまり、なすべき行為、克服すべき困難、用いるべき器具が存在するのである。……これらの中間的状況は、まさに、現在行われている活動が予知され欲求された目的に発展するかどうかがそれらいかんにかかっているからこそ、興味あるものとなるのである。現在の傾向を成就するための手段であること、行為者とその目的との「間」にあること、興味あるものであること、これらは同じことの異なった表現に過ぎない。（以下略）」

つまり、子どもがある山に登りたい（目的）とします。そうすれば、その目的達成に役立つすべてのことが興味の対象となるということです。たとえば、行程、天気の情報、登山ルート、装備からお金の工面まで一切が興味あるものになります。

山に登りたい子に対して、天気の情報を得る方法として、インターネットの使い方を教えるとすれば、それは興味ある学習内容となるわけです。

先の例についていえば、病気を避けて健康でありたい（熱が出て苦しむのはイヤだ、とか病気になって注射を打たれるのはイヤだ）から、そのための手段である「健康診断」は意味あるもの・価値あるもの、すなわち興味あるものとなるわけですね。

興味の原理をしつけや学習に応用しましょう

もちろん、この興味の原理は、しつけや学習などたくさんの場面に応用できます。しつけでは、こんな例があります。

成績学年一番をめざして睡眠時間をきちんととろうとしない子

成績学年一番をめざして睡眠時間6時間を決して変えようとしないヨウスケ君（12歳）。親としては、「成績よりも健康が大事だ」と言って、もっと睡眠時間をとるように、何度も注意しました。しかし、まったく効果がありません。

あるときヨウスケ君が父親に「お父さん、身長を伸ばすにはどうしたらいいの？」と聞いてきました。ヨウスケ君は身長を伸ばしたいと強く願っていたのです。

父親が調べたところ、身長を伸ばすには睡眠時間の確保がきわめて重要だと知ります。寝ている間に成長ホルモンが分泌されて、身長が伸びるわけです。そこで、父親は、わが子に詳しく科学的なデータを提示して、「身長を伸ばすには、睡眠時間の確保が大切である」ことを納得させたのです。

かくてヨウスケ君は、今までよりも1時間早く寝ることにしたのでした。

彼にとって身長を伸ばすことが、強い願い（目的）であり、かつそのためには早く寝ること（睡眠時間の確保）が重要だとわかったから、そのように動いたのです。

学習でも、もちろん応用できます。

ボウリングゲームで算数のやる気を引き出す

たとえば、「10までの数を数える」「10の補数（10－□の答え）」「10までの数の大小比べ」「10までの足し算」などを教えるのに、ボウリングゲームを取り入れることで、子どもは意欲的に学習することができます。ペットボトルやジュースの缶をピンにして、ゴムボールをボールにすればいいのです。

一回投げてたくさんピンを倒した方が勝ちというルールにすれば、「10までの数を数える」「10までの数の大小比べ」を興味をもって学ぶことになります。いちいち倒れた数を数えなくても、残ったピンの数から倒したピンの数を計算するようにもなるでしょう。これは、「10の補数（10－□の答え）」の学習となります。

二回投げてたくさん倒した方が勝ちというルールにすれば、「10までの足し算」の勉強にもなります。あるいは、ピンを5本に制限すれば、「5までの数を数える」「5までの数の大小比べ」を興味をもって学ぶことになります。

筆者自身、このような方法で指導したことが何度もあります。子どもは意欲的に10までの足し算練習をしました。楽しいからたくさんゲームをすることになり、結果として練習量が多くなり、自然と足し算が身につくことになりました。

もちろん、同じような考え方で、「魚釣りゲーム」でも、釣った魚を仲間分けしたり、数を数えたり、数の大小比べをしたりなどの活動を位置づけることができます。

このように、興味の原理に基づき、子どものやる気を引き出していけばいいのです。親の願い（早く寝てほしい、計算練習をがんばってほしい……）が子どもの願いになるように、仕組んでいけばいいのです。

そうすれば、「やる気がしないからしないというのは許さない」とか、「がんばったら、ゲームソフトを買ってあげるよ」などの賞罰に頼る必要はなくなるのです。

「やる気マトリックス」で、興味の原理を使いこなしましょう

さて、健康診断の例では、ユウタ君も健康でありたいのは同じだったはずです。ではなぜダメだったのかといえば、健康との関連がよくわからなかったからでしょう。つまり、事実として関連があっただけではダメで、子どもがその関連を自覚していることが、ポイントになるのです。

この興味の原理をいかすときには、このようなポイントがあるのです。そのポイントをはずさないために、筆者は、次のような座標軸をイメージして作戦を立てています。

縦軸は主活動そのものの興味度、横軸は主活動と構成活動との関連度（貢献度）

まず、次のような座標軸を想定します。

縦軸は主活動そのものの興味度です。たとえば、ボウリングゲーム自体の楽しさやおもしろさの度合いのことです。

横軸は、主活動（の目的）とそれを構成する活動との関連度（貢献度）です。

たとえば、ボウリングゲームでいえば、ボウリングゲーム（に勝つという目的）を構成する活動とは、「ピンに向かって転がす」「倒したピンの数を数える」「倒した数を比べる」という活動があります。それは、とても強い関連のある活動として組み込まれていると言えるでしょう。

この縦軸と横軸によって、左のページのように４つの区切りができます。

子どものやる気を引き出すには、この座標軸で言えば、領域Ⅱ、つまり「主活動の興味度が高くて、それとの関連度（目的達成への貢献度）も高い構成活動が、やる気の出る活動」となるわけです。

たとえば、ボウリングゲーム（主活動）でいう、倒したピンの数を数える活動（構成活動）が意味ある活動、興味ある活動となり、やる気の出る活動となるわけです。

他の領域について見てみましょう。

▼領域Ⅰ　主活動の興味は高いけれど、それとの関連性が低い活動はあまり興味はわきません。

とってつけたような活動であり、山登りをするために算数の勉強をしようというよう

やる気マトリックス

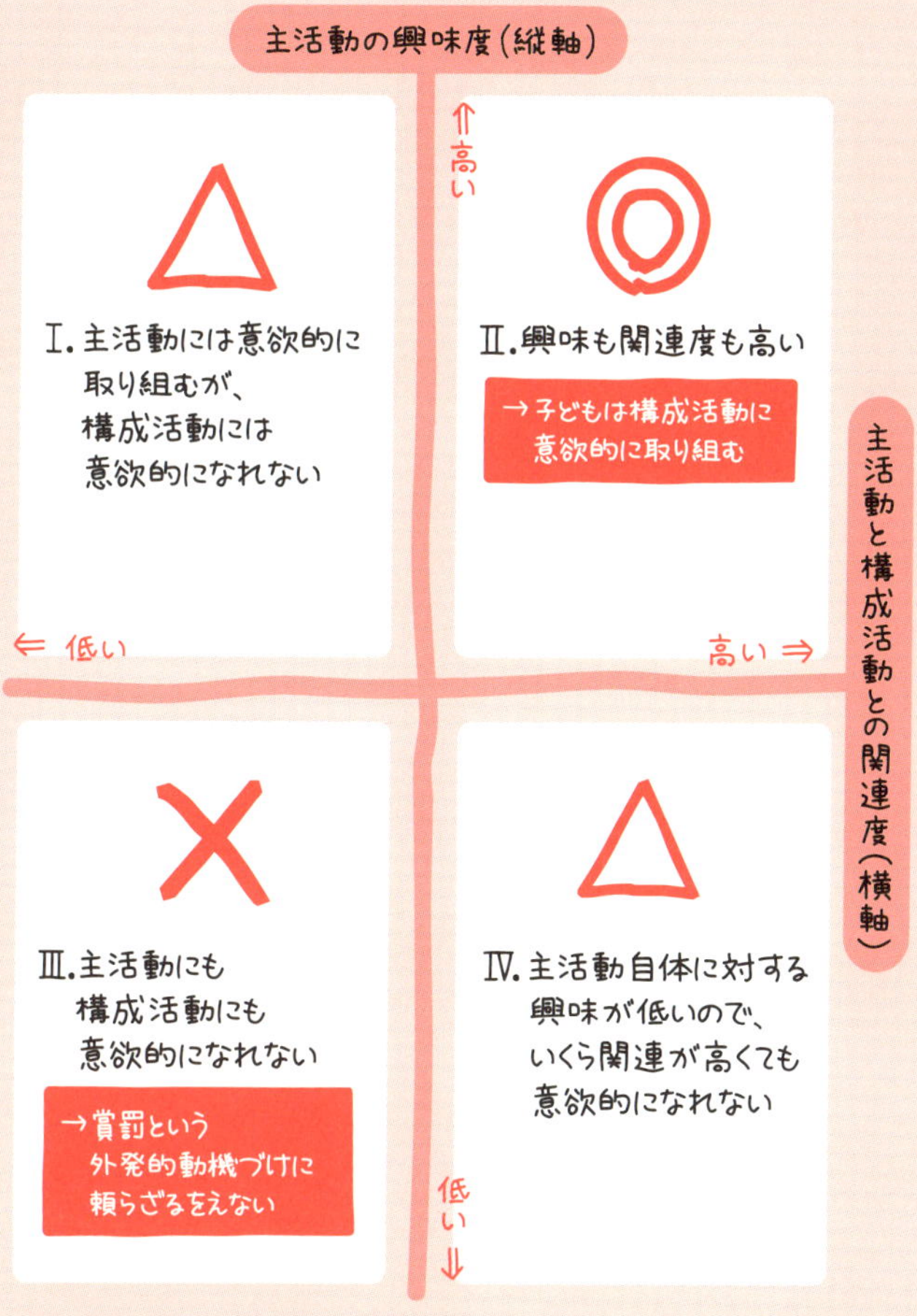
主活動の興味度（縦軸）
↑高い
低い↓
←低い
高い⇒
主活動と構成活動との関連度（横軸）
Ⅰ.主活動には意欲的に取り組むが、構成活動には意欲的になれない
Ⅱ.興味も関連度も高い
→子どもは構成活動に意欲的に取り組む
Ⅲ.主活動にも構成活動にも意欲的になれない
→賞罰という外発的動機づけに頼らざるをえない
Ⅳ.主活動自体に対する興味が低いので、いくら関連が高くても意欲的になれない

なものです。

▼**領域Ⅲ　最悪の場合は、主活動自体も構成活動自体にも興味がない場合です。**

これでは、賞罰といった外発的な動機づけに頼る以外なくなります。それでも、最悪の場合、前述の健康診断のような「労多くして功少なし」となるのです。

▼**領域Ⅳ　主活動との関連度は高い活動だけれども、そもそも主活動自体に興味をもてない場合もあまり興味がわきません。**

つまり、やる気を引き出すことはできません。確かに天気図の見方を学ぶことは山登りの役立つのだろうけれども、そもそも山登りなんて興味がありませんという場合がそうです。ただ、天気図の見方自体が興味あるものとして成立する場合はありえます。

「やる気マトリックス」を使えば、さらなる興味を引き出せます

先ほどの座標軸から、「領域Ⅱ　主活動の興味度が高くて、それとの関連度（目的達成へ

の貢献度）も高い構成活動が、やる気の出る活動となる」わけですが、ここから二つの働きかけが大切になってくることがわかります。

一つは、主活動の興味度をより高めるための働きかけです。

ボウリングゲームでいえば、ピンとの距離を近くして倒しやすくしたり、ガーターをなくす場作りをしたりすることです。こうした工夫で、ボウリングゲーム自体の興味度（楽しさ・おもしろさ）が高まれば、必然的に関連度の高い「倒したピンの数を数える」などの構成活動の興味度も高まるわけです。

もう一つは、構成活動の関連度（主活動の目的達成の貢献度）を上げるための働きかけです。

たとえば、今まで漫然とピンをたくさん倒すことを目的にしていたボウリングゲームのルールを、「倒したピンの数を数える」「倒したピンの数の多い方が勝ち」というルールに変えていくのです。そうすることで、「10までの数を数える・10までの数の大小を比較する」という学習内容を構成活動として位置づけることができ、興味の対象とすることができます。

つまり、関連度が高まるように、ルールを変えるなどの働きかけをしていけばいいのです。

まずは、主活動自体の楽しさを味わわせることが大切です。この場合でいえば、まずボウリング自体を思う存分楽しませる。つまり、ボールを転がしてピンを倒して楽しむという体験を十分に味わわせるのです。そのうえで、「倒したピンの数の多い方が勝ち」というルールを徐々に取り入れていけばいいのです。

コラム 2

読書好きに育てるには、興味の原理に基づいて本を選びましょう

小学校2年生のアズサさんは、ムシキングが大好き。そこで、たまたま図書館にあった〈えほん・フォトかみしばい〉シリーズ（あかね書房）の第3巻『カブトムシ』を読んであげました。

プロが撮った迫力のある、本物のカブトムシの写真を、食い入るように見ています。そして、筆者が文章を音読してあげると、じっくりと聞き入っていました。

文章も説明文としてすぐれています。国語の教科書にものった本なのですが、教科書のようにページ制限がないので、内容も深くわかりやすいです。

ところどころに問いかけの文があります。くり返し読む中で、アズサさんは自然に答えています。「よう虫は　なにを　たべるのかなあ？」「やわらかい土」というように。

本文以外にも、解説のページがあって、理科的にさらに深めていくこともできます。

第2巻は『メダカ』ですが、理科的な内容としては5年生レベルの内容です。しかし、当時メダカが大好きで喜んで飼育していたアズサさんにとっては、内容に非常に興味があり、食い入るように写真を見ながら、筆者の読み聞かせをしっかりと聞いていました。それも、何回も何回も。年齢のギャップをも簡単に超えたのです。

ここに、子どもの本を選ぶときの一つの原理が見てとれます。

それは、興味の原理です。

カブトムシに興味を持っているなら、カブトムシの本を与える。アサガオを育てているなら、アサガオの本を与える。野球を習っていて、上手になりたいと思っている子なら、『野球が上手になる』といった類いの本を与える。

そうすれば、子どもは食い入るように本を読みます。少々の年齢や能力的なギャップなど、読みたいという興味の強さが簡単にうめてしまうのです。

こうして興味の原理に基づいて選ばれた本に触れる中で、読書のおもしろさや有益さを実感し、読書好きに育っていくのです。

親が教えたいことを、子どもが学びたいことにするには？

まとめると、親が子どもにやってほしいこと、教えたいことを、子どもがやりたいこと、学びたいことにするには興味の原理を使って、次のように働きかけることです。

①子どもにとってそれ自体興味の高い主活動を設定、あるいは、すでに子どもが興味をもって取り組んでいる主活動を見つけます。

②親が子どもにやってほしいこと、教えたいことを体現した構成活動（核となる構成活動）を設定します。

③子どもにとってそれ自体興味がある主活動の目的達成への貢献度・関連度の高い活動として、その核となる構成活動を主活動の中に位置づけます。

この主活動は、たとえば「魚釣り」「お店屋さんごっこ」といった、子どもがそれ自体に興味をもって取り組める活動です。あるいは、「背が高くなりたい」といった子ども自身の強い願いです。

ヨウスケ君の例のように、わざわざ親（教師）の方で設定しなくても、「背が高くなりたい」というわが子の願いに気づけば、親の願いを体現した核となる構成活動（この場合は睡眠時間の確保）をうまく関連づけることができるわけです。

子どもの願いに親の願いを関連づける

子どもの願いに親の願いを関連づけた、次のような例もあります。

AKBのようなアイドルになりたい

トモカさん（10歳）は、「AKBのようなアイドルになりたい」という願いをもっていました。母親は「そんな夢みたいなことを考えるのはやめなさい」と言う代わりに、次のように問いました。

母親「AKBはどうしてみんなに好かれるアイドルなのかな？」
トモカ「かわいいし、いつもニコニコしているから」
母親「そうだね。笑顔だからね。すぐにぷんぷん怒るようではダメなんだよね」

母親は、トモカさんがすぐにぷんぷんと怒り出すことに困っていました。そこで、注意する代わりに、アイドルになりたいという願いに、親の願いを関連づけたのでした。こうした場合も、興味の原理に基づいた働きかけといえます。

関連づける主活動が見当たらなければ、そうした主活動をまず設定する方向もあります。たとえば、英語を真剣に勉強してもらうために、夏休みに海外へのホームステイを計画するケースなどです。楽しいホームステイに必要な英語ということで、子どもは真剣に学ぶことでしょう。

「好み」と「志」こそ興味のみなもと

好きなスポーツが人それぞれ違うように、どのような活動が主活動たり得るかは、子どもによって違うし、同じ子どもでも発達段階で違ってきます。

たとえば、読書でいえば、0歳児ならば『いないいないばあ』のような絵本を好み、小学校高学年以降ならば、『ハリー・ポッター』のような本が興味の対象となるでしょう。

好みについていえば、機械いじりの好きな子なら、『エジソン』の伝記などが興味の対象となる可能性が高く、野球の好きな子なら『イチロー』の伝記でしょう。

つまり、一人ひとりの子どもの発達段階や好みをよく観察する必要があるのです。「積み木遊び」一つとっても、ただ積み上げるだけで楽しい段階から、積み上げながら何か――たとえばお城――を作ることを楽しむ段階まであるのです。子どもがどの段階にいるのか、よく見る必要があります。

先に紹介した「やる気マトリックス」の領域Ⅲに位置する活動は、「×主活動にも、構成活動にも意欲的になれない。したがって、賞罰という外発的動機づけに頼らざるを得ない」と書きました。そこでの賞罰は、言葉による賞罰からお金などによる賞罰までいろいろあります。お金などは、ある意味オールマイティともいえるでしょう。「ボーナスがほしいからがんばる」「罰金がイヤだから交通ルールを守る」人は大勢いますね。

罰についての最強カードは、おそらく「死」でしょう。「言うことを聞かないと殺すぞ！」と脅されれば、たいていの人は言うことを聞くことになります。「お金」と「生命」、これが横綱級です。

では、主活動の目的で横綱級といえるものは何でしょう。二つあります。一つは、「好み

（好き）」で、もう一つは「志」です。

大まかにいえば、子どもが小さい頃は、「好み」が大事になります。本人が好きな活動がそのまま主活動となります。

だから、本人が好きな活動を大切にしてやればいいのです。それに、「好き」というのは、おおむね能力や発達段階に合っています。

中学生以降になると「志」が重要になってきます。

たとえば、「どうしても医者になりたいから勉強する」というものです。これは、医者になるために必要な活動――たとえば、医学部に合格すること――すべてが動機づけられます。いちいち学習の意味をわかってもらう必要がなくなるので、きわめて効率的と言えます。だから、志をもった人は、やる気満々で強いのです。

ただし、志をもてるのは、早くても13、14歳以降でしょう。

学ぶ意味や価値がわかっていても、やる気になれない場合は？

さて、ここまで読んできて、次のような疑問をもった人もいるに違いありません。

「うちの子は片づけの意味をわかっているのに、できない」
「うちの子は、くり上がりの足し算を学ぶ意味をわかっているのに、やろうとしない」

つまり、「子どもが学ぶ意味や価値をわかっているのに、やろうとしない。興味の原理からすれば、おかしい。さあ、どうしたものか」というわけですね。

この場合は、「片づけがうまくできない」「くり上がりの足し算のやり方がよくわからない」。ですから、つまり、うまくできない・わからないからやる気になれないのです。

やる気になれない理由は、興味がもてないばかりでなく、たとえ興味があっても、できない・わからないとやる気になれないからです。

では、そうした子にはどうしたらよいのでしょうか。

その場合は、興味を高めることでやる気を引き出すのではなく、できるようにする、わかるようにするための働きかけが必要です。

その働きかけを次項では学んでいきましょう。

原則3　子どもをできる状態において挑戦させましょう

「これくらいできないの！　ダメねえ〜」

「こんなこともわからないのか！」

親の目から見て、できて当たり前・わかって当たり前のことができない・わからないでいるとき、子どもを思わずこんなふうに叱っていませんか。

時計の読み方がわからず叱責される子

算数の「時刻」の宿題で「8時35分から40分後の時刻は何時何分になるでしょう」という問題が、トモヤ君（7歳）にはわかりませんでした。

「だから、25分たつと9時になって、40分−25分＝15分で、あと15分たつから9時15分になるでしょう！」何度説明しても、ぽかんとしているわが子にとうとうお母さんはキレてしまいました。「（これだけ説明しても）どうしてわからないの！　お兄ちゃんはすぐにわかったのに！」ひどく叱られて、トモヤ君は泣き出してしまいました。

子どもを「できない状態」において叱っていませんか？

教えてもいっこうにわかるようにならないわが子にイライラし、思わず叱ってしまう親御さんは少なくないでしょう。その一方で、うまく教えられないでわが子を叱った自分を嫌悪するのです。

親から叱られた子どもも、もちろんイライラします。あるいは、悲しくなります。そして、「あれだけ教えられてもわからない自分はダメなんだ」と自己肯定感が下がることになるのです。トモヤ君の例ですと、そういうことが続けば、算数が嫌いになります。「ぼくは算数ができないんだ」となり、さらに学習意欲が低下していくのです。最悪の場合、挑戦することすらやめてしまう可能性があります。

このことは、算数にかぎったことではありません。たとえば、体育の水泳だって、水が恐い段階で挑戦をやめてしまい、結局泳げないまま大人になるケースだってあるのです。

どうしてできない・わからない状態になるのでしょう。子どもの能力が低いからでしょうか。そもそも子どもにやる気がないからでしょうか。

いいえ、違います！

そもそも子どもをできない状態において挑戦させているからです。

「できる状態での挑戦」なら、子どもはこんなに伸びます

では、子どもをできる状態において挑戦させるには、具体的にどうしたらよいのでしょうか。先の「時刻」の例で考えてみましょう。

まず、子どもがどこまでわかっていて、どこからわからないのか、子どもの実態を見取りましょう。

8時、9時、8時30分、9時30分、8時5分、8時10分、8時18分、8時36分など、正確に読めるかどうか教えながらチェックします。

8時30分などの時刻は読めるけれど、8時5分などは読めないとなれば、まず「〇時□分まで正確に読める」ようにすることが指導目標になります。1目盛りが1分であることを話したうえで、模擬アナログ時計を使って次々に時刻を読む練習を積むことにします。

親「これは何時何分？」
子ども「8時10分。（目盛りを1つずつ数える）」
親「よくできたね。そう目盛りを1つずつ数えていけばいいね。じゃあ、これは何時何分？」
子ども「8時15分」
親「そうだね！　5分ごとに数字が書いてあるから、5、10、15というように数えてもいいんだよ」……。このような感じで教えていきます。

これができたら、5分後、10分後……25分後までのちょうど9時になるまでの時刻を考えさせます。

最後は、いよいよ9時過ぎの時刻に挑戦させます。

親「それじゃあ、40分後は何時何分になるかな？」
子ども「9時15分」
親「そのとおり！　よくできたね。慣れてきたら、時計の図を書いたり、頭の中で時計の針を動かしてもいいんだよ」

子ども「うん、わかった！　簡単だよ！」

この親子の場合は、できなかった場合の例と比べてどうなるでしょう。

この場合、親はわかるようになったわが子を見て喜びます。子どもからの信頼度も少しアップし、親としての自分に少し自信がもてるようになるかもしれませんね。

できるようになった子どもはもちろん喜びます。おまけに親にほめられているわけですから、二重の喜びです。親への信頼度もちょっぴり増したことでしょう。「ぼくだってできるんだ」という自信ももて、そうしたことの積み重ねで苦手意識のあった算数が好きになっていく可能性もあります。そうすれば、挑戦意欲もわいてくるでしょう。

このように、「できるような状態において挑戦させ成功経験をもたせる」ことと、「そもそもできない状態において叱る」ことは、天と地の違いなのです。

子どもを「できる状態」において挑戦させるには？

では、そもそも子どもをできる状態におくには、どうしたらいいでしょうか？　4つのポイントがあります。

ポイント1　子どもができる・わかる内容（指導内容）から教えることをスタートする。そして、教えるターゲットをしぼり徐々にレベルを上げていく（スモールステップの原則）。

ポイント2　教え方（指導方法）を工夫する。同じ指導内容でも、工夫次第で状況は大きく変わる。

ポイント3　子どもをよく見取る（観察し、理解する）。そして、教える内容（指導内容）や教え方（指導方法）を改善する。

ポイント4　どこがどうよいのか子どもへフィードバックする。

先の「時刻」の例をあげながら説明しましょう。

ポイント1　子どもができる・わかる内容からスタートする

子どもがすでにできる・わかる内容からスタートして、教えるターゲットをしぼり徐々にレベルを上げていきます（スモールステップの原則）。

そうして子どもが学習する内容は、いつも子どもががんばればできる範囲の難易度におく（適度なズレの原則）ということがポイントです。

これは子どもが一人でがんばればできる範囲（現在の発達水準）というばかりではなく、親（教師）のサポート下でがんばればできる範囲（ヴィゴツキーによる「発達の最近接領域」といいます）も含みます。親（教師）がサポートすれば、子どもががんばればできる範囲は広がります。だから、親（教師）はサポートするわけです。

最初の「時刻」の例は、いきなり40分後に挑戦させたのでトモヤ君にはむずかしかったでしょう。これが5分後からだったらできたかもしれないのです。

あるいは、そもそも子どもの生活の中に「時計」がいかされておらず、「時刻」という概念自体が子どもの中に育っていないのかもしれません。そうであるならば、日々の生活の中で（時計を指しながら）「7時になったわ。起きる時間よ」とか「8時になったら寝ましょうね」などの働きかけが、まず必要となります。

ポイント2　教え方を工夫する

同じ教える内容（指導内容）でも、教え方を工夫することで、子どもをできる状態におくことができる場合がたくさんあります。それほど教え方（指導方法）は重要です。

最初の「時刻」の例は、主に口頭で説明しただけでした。それでは、子どもはわからなかったのです。ところが、ステップを踏んで教え、かつ模擬アナログ時計を使って教えることで、子どもは□分後の時刻が具体的にイメージでき、時刻を読むことができたのです。この場合、「模擬アナログ時計を使って□分後の時刻をイメージさせたこと」が教え方（指導方法）の工夫であったわけです。

また、この例のように教え方（指導方法）を工夫する場合、テキスト（教材）や教具（この場合は模擬アナログ時計）の選択は重要です。

指導方法は通常いくつもありますから、有効な方法を学んでその中から目の前の子どもに最も効果のありそうなものを、親や教師が選択して決めることになります。

この点で、教える人——親であれ教師であれ——は、指導方法を真剣に学び、レパートリーを増やす必要があります。

指導方法のレパートリーがたくさんあれば、子どもの実態に応じて柔軟に対応できるからです。

ポイント3　子どもを見取り、教える内容や教え方を改善する

教える内容が簡単すぎれば、子どもはあきて見向きもしなくなります。むずかしすぎれば、子どもはやろうとしませんし、そもそもできません。

教える内容が子どもの実態に合っているかどうかは、子どもを見取る（観察し、理解する）以外に手がないのです。「その指導内容で無理はないか。簡単すぎて退屈していないか」について、絶えず成長・変化している子どもを見取り、確認する必要があるのです。

教え方（指導方法）についても同様です。その教え方が有効かどうかは、子どもがその教え方でわかるようになったか、できるようになったかで決まります（このことを「学習者検証の原則」といいます）。はじめの方法でも、子どもがそれでわかったのなら、その子にとっては有効な方法だったということになります。その教え方では子どもはわかっていないと見取ることができたなら、その教え方を改善することになります。

子どもの実態を見取って、教える内容のレベルを子どもの実態に合わせたり、教え方を改善したりすることがポイントです。

ポイント4　どこがどうよいのか子どもへフィードバックする

平たく言えば、よいところをほめることです。

子どもをほめるには、ほめるネタ（根拠）が必要です。根拠なくほめても子どもの心に響かないからです。「叱るネタならたくさんある」という声が聞こえてきそうですね。だからこそ、子どもをできる状態におく必要があるのです。

子どもをできる状態において挑戦させることは、ほめるネタ集めでもあるのです。

なお、子どもへのフィードバックは、よいことばかりでなく、具体的な改善点の指摘も含まれます。たとえば、子どもが時刻を読み間違えたならば、「違っているよ。時計の針をもう一度よく見てごらん」などと言うことも必要です。

この「子どもをできる状態において挑戦させる」という原則と4つのポイントは、あらゆる勉強・スポーツ・お手伝いはもちろん、身辺自立やしつけ・マナーなど、教え育てるあらゆる場面において基本となります。

この原則のとおり進めると、子どもはできるように・わかるようになっていきます。そして、自信を回復し、学習意欲も高まっていくことでしょう。ほめられ、自己肯定感も回復します。

その過程で、親は子どもを叱るストレスが減り、逆に子どもをほめることが多くなって、親子関係も改善していくのです。

コラム 3

目標が正しくても方法が間違っていると……

20年以上も前に、次のような実話を読んだことがあります。

ある母親が「わが子に言葉を早く覚えさせたい」と願い、「そのためには言葉に多く触れさせればよい」と考えました。そこで、選んだのが「朝から夜まで10時間以上もテレビを見せる」という方法です。結果は、「言葉を早く覚えるどころか、人の言葉にほとんど反応しない子になってしまった」のです。

米国小児科学会は、1999年にすでに「2歳未満の子供にはテレビを見させるべきではない」とする指針を発表しています。日本小児科学会も、2004年に「乳幼児のテレビ・ビデオ長時間視聴は危険です」という緊急提言を発表しています。つまり、言語発達を促進するどころか、有意語出現が遅れる危険性が高まるというのです。

母親は子どもに水をのませるとき、「おみずをのもうね」と言葉をかけながら水を飲ませます。あるいは、水遊びをしながら、「おみずつめたいね」と言葉をかけます。こうした母親の言葉がけと実体験があって初めて「みず」という言葉が獲得されていくのです。「母国語」を英語で「mother tongue」と言いますが、直訳すれば「母の舌」となります。母のかける言葉がそのまま母国語として身についていくのです。

ここで言いたいのは、いくら「言葉を早く覚えさせたいという願い」（教育の目標）が正しくても方法（教育の方法）が間違っていると、その願いは達成できない、それどころかマイナスの結果すらあるということです。それくらい教育の方法は重要なのです。親は、間違った方法をとらないように、賢くなければいけません。

ちなみに、日本小児科学会の「提言」は、次のとおりです。

1　2歳以下の子どもには、テレビ・ビデオを長時間見せないようにしましょう。内容や見方によらず、長時間視聴児は言語発達が遅れる危険性が高まります。

2　テレビはつけっぱなしにせず、見たら消しましょう。

3　乳幼児にテレビ・ビデオを一人で見せないようにしましょう。見せるときは親も一緒に歌ったり、子どもの問いかけに応えることが大切です。

4　授乳中や食事中はテレビをつけないようにしましょう。

5　乳幼児にもテレビの適切な使い方を身につけさせましょう。見終わったら消すこと。ビデオは続けて反復視聴しないこと。

6　子ども部屋にはテレビ・ビデオを置かないようにしましょう。

原則4　ネバーネバーネバーギブアップでいきましょう

「家庭では教科内容を教えるよりは、むしろ食べ物の好き嫌いをなおすとか、あいさつをできるようにするとかしつける場面が多いので、むしろその方法を知りたい」と思われた方も多いかもしれませんね。

たとえば、序章の冒頭であげた偏食の問題です。

●食べ物の好き嫌いが多くて困っています。嫌いなものでも何とか食べさせようとして言い合いになったり、やたらと食事に時間がかかってしまったり……。食事の時間が親子ともにストレスです。**（4歳女児の母）**

●何も食べないよりましと思って、好きなものだけ子どもに食べさせています。でも、栄養のバランスがとれていないと思うので、体の発育が心配です。**（8歳男児の母）**

もちろん、偏食の問題にも、前項で紹介した原則と4つのポイントが使えます。

本項では、偏食の問題についてその応用の仕方を紹介すると同時に、実践する際のさらなる重要なポイントについて紹介します。

お米も野菜も食べられないすさまじい偏食をなおすには？

筆者が実際に担任した小学生の偏食の例です。

学校ですさまじい偏食をなおす

小学校1年生のマサヤ君の偏食はすさまじく、入学時には、野菜はもちろん、みそ汁も牛乳も飲みませんでした。しかも、米粒一つ食べられません。入学して1週間、学校給食で食べたのは、クレープだけという状況でした（アレルギー体質というわけではありません）。

親は、この子が保育園年中の頃、血液検査の結果が悪く、医者から「野菜はさておき、米飯ぐらい食べさせてください」と言われ、米飯を何とかして食べさせようとしました。しかしマサヤ君は、お椀に米飯を盛ってもそれを投げつけて抵抗し、もう2年間米飯を食べていませんでした。偏食、とりわけ米飯を食べさせることについては、両親ともにあきらめていました。

保育園時代は、マサヤ君だけ、食パンを持ってきて食べていました。家では、牛乳を飲んだり、お菓子やパンを食べたり、好きな肉や魚を食べたりしていました。

このようなすさまじい偏食の子に対して、子どもをできる状態において挑戦させるために、

子どもの実態に合った指導内容（目標）を決め、その達成のための指導方法を工夫し、実態を見取りながら指導内容のレベルアップと指導方法の改善をしていくわけです。同時に、子どもへのフィードバック――ほめ・励ます言葉をかける――をしていきます。

筆者は、主に次の４つのステップで指導していきました。

ステップ1　家庭で食べられるものを学校でも食べられるようにする

当時マサヤ君を担任することになった筆者が立てたスタート時の指導目標は、「まず、家では食べているものを、学校でも食べられるようにする」でした。

いきなり米飯を食べさせようとしたり、野菜を食べさせようとしても無理だと考えたのです。家庭では牛乳を飲んだりお菓子やパンを食べたり好きな肉や魚を食べたりしているのだから、家庭と条件をそろえれば、学校でも同じにできるはずです。この時点でこの指導目標は達成できるという確信がありました。

具体的には次のような指導方法でした。

まず、お母さんにミロを持ってきてもらいました。そして、牛乳に混ぜて飲ませてみたところ、初めて学校で牛乳を飲みました。

次に、毎日学校給食で出される米飯の代わりに、食パンを細かく切って持ってきてもらいました。そして、オーブントースターを家から持ってきてもらい、家庭と同じように肉や魚をあたためてから、食パンにはさんで食べるようにしました。

さらに、お母さんもいっしょに給食を食べてもらいました。他の1年生がうらやましがるといけないので、ランチルームではなく特別支援教室で給食をとりました。

このような指導方法でうまくいき、牛乳とパン、そして好きな肉や魚は、学校でも食べられるようになったのです。

つまり、家庭とほぼ同じ状況が出現し、ステップ1はクリアできました。しかし、この時点で野菜はまったくとれていませんでした。

ステップ2　野菜を少しずつ食べられるようにする

次のステップでの指導目標は、「まったくとれていない野菜を少しずつ食べられるようにする」ことでした。

そのために、お母さんに『キレない子に育てる食事メニュー』（鈴木雅子著　KAWADE夢新書）という本をすすめ、食事の重要性を話しました。

家庭で、マサヤ君が好きだというホットケーキやお好み焼きに、ニンジンやキャベツなどの野菜を細かくして混ぜて、少しずつ食べさせてもらいました。すると喜んで食べたそうです。みそ汁についても家庭で少しずつ飲むようにすすめました。幸い野菜への抵抗感が減ってきたのか、みそ汁も少しずつ飲み始めました。

学校でも、嫌いな野菜を肉や魚と少しだけ混ぜてパンにはさんで食べさせるようにしました。マサヤ君はかなり抵抗しましたが、少しだけということと、この時間に食欲が出るように体がなってきたので、食べることができました。

さらに6月頃からは、嫌いだけれど食べることに挑戦する野菜を、あらかじめ約束してホワイトボードに書くようにしました。そのうえで「いただきます」をするようにしたのです。これは食べられる野菜の種類を増やすのに効果がありました。

かくて4月から3ヶ月後、パンに、肉や魚に加え野菜を少しはさんで食べることができるようになりました。

ステップ3　米飯を少しずつ食べられるようにする

ステップ3の指導目標は、「ここ2年以上食べていない米飯を少しずつ食べられるようにする」ことでした。

この3ヶ月の間に、家庭でホットケーキなどに米飯をほんの少し混ぜ、本人に知られずに食べさせることに何度か成功しました。この時点で筆者は、この指導目標は達成できるという確信をもちました。

7月はじめ、いよいよ問題の米飯にチェレンジしました。筆者は「1粒だけでいいから、食べてごらん。食べないうちは、他のものは食べられないよ」と宣言しました。マサヤ君は、予想どおりがんとして食べません。席を立って泣き出し、「学校はイヤだ！　帰る」と言います。パニック状態です。お母さんも「そんなに簡単にできるなら、とうにやっています。何度やってもダメだったんです」などと、口走っていました。

「できない。できない」と言って、なかなか食べようとしないマサヤ君。でも、なんとか米1粒を4分の1ずつに分けて、約2年ぶりに米飯を食べることができました。「がんばったね」とみんな拍手しました。

この日は、結局米飯を3粒ほど食べることができました。お母さんは「よかった」といい、報告を聞いたお父さんも驚き、とても喜んだそうです。マサヤ君もうれしそうに「ぼく、ごはん食べられたよ」と家で話したそうです。

翌日以降も、少しずつ増えてきて9粒ほど米飯を食べました。

お母さんばかりでなくお父さんも給食時に教室に来ました。そして、米飯を食べる様子を見て喜んで帰っていきました。

当時、筆者は「食べる米飯の量は、3粒が9粒になったように1粒が10粒となり、やがて一口、二口、お椀の4分の1と増えていくだろう」と楽観していました。

ところが、この後約1年間、お米10粒前後がずっと続いたのです。何せ米1粒を2、3回に分け、1分もかけて食べるのです。10粒で10分です。それに、米飯ばかりでなく、野菜も食べるように指導しないといけません。しかも、給食時間は限られているのです。

お母さんばかりでなく、筆者も途中で何回かくじけそうになりました。10粒では、栄養的には、ほとんど影響はゼロです。いいかげんやめようかと……。

しかし、日本で、米飯が食べられないというのは大変なハンデです。お母さんが言うように、「レストランに行っても、食べさせるものがほとんどない」のです。

「この子の一生がかかっている！」

そう思い直して、くじけそうになるのを自ら励ましていました。そして、お母さんにも「とにかく続けましょう」と言っていました。

ステップ4　米飯をふつうに食べられるようにする

そうこうしているうちに、マサヤ君は2年生に進級しました。

進級しても、あいかわらずでした。ただ、意識して10粒から30粒ほどは、食べるように指導していました。

ようやく偏食がなおった！

マサヤ君が初めて米飯を食べてから1年がたとうとしていたある日のことです。

母親「先生、この土日、試しにのり巻きにしてみたら、のり巻きを5つほど食べました。のり巻きといっても、1つあたり10粒ちょっとですが……」
筆者「お母さん、やりましたね！　この日をずっと待っていたんですよね！」
母親「はい」（こう言いつつ、涙ぐんでいました）
筆者「さっそく学校でものり巻き作戦をやりましょう。学校にのりを持たせてください。一気にやってしまいましょう」
母親「他の子が持ってきていないのに、学校に持ってきていいものでしょうか」
筆者「マサヤ君にとって、それはとても大事な指導内容なのだからいいです。他のみんなには、私がうまく言っておきます」

10粒×5＝50粒。これは、マサヤ君にとってすごい量です。その日の放課後の会議で事情を話し、のり巻きの件は了解済みとなり、さっそく翌日から学校でものり巻き作戦を始めました。筆者が、のり巻き1つに、20粒から30粒ほど入れて、それを10個ののり巻きにして食べさせました。ほとんどのりを食べているような感じです。しかし、300粒ほどですから、マサヤ君にしては大進歩なのです。

それから、本当に一気に進みました。

7月のはじめには、カレーライスで、のり巻き分の米飯を食べることができました。マサヤ君は、みんなにほめられうれしそうでした。

お母さんの報告によれば、レストランで、とんかつとキャベツをたくさん食べ、みそ汁も飲むことができました。驚いたことに、米飯を半分くらい、のりを巻かずに食べることができたのです。そして、9月には給食に出たカレーライスを全部食べることができました。

この偏食指導を7月にスタートしてから1年余り。家庭と学校が連携した指導がようやく実を結んだのです。

親御さんとともに喜ぶと同時に、最後まであきらめないで本当によかったと思いました。そして、「子どもは変わるものだ!」とつくづく感じたのです。

スモールステップの原則はしつけ面でも応用できます

この事例の成功が示すように、先の原則と４つのポイントは、しつけ面でも応用できます。マサヤ君の場合はまず家庭と同じレベルにもっていき、それから比較的簡単な野菜の偏食に取り組み、最後に米飯の偏食をなおすことに挑戦させました。

これをいきなり本丸である「米飯への挑戦」に取り組んだら失敗したでしょう。スモールステップの原則で少しずつハードルを上げていったわけです。

また、「牛乳とみそ汁を飲みなさい」「野菜を食べなさい」「ごはんも少しずつ食べなさい」……というように一度にたくさんのことを要求されていたら、子どももパニックになっていたでしょう。親だって、骨折り損のくたびれもうけになっていたはずです。

スモールステップの原則とは、指導のステップに合わせてターゲットをしぼり、それ以外は今の段階では大目に見ることでもあるのです。

指導方法についても、それぞれの指導内容に応じて工夫していました。牛乳にミロを入れたこと、嫌いな野菜を肉や魚に少しだけ混ぜてパンにはさんで食べさせたこと、まず米飯を１粒だけ食べさせたこと、のり巻き作戦……。どれも効果がありました。

子どもの実態を見取りながら指導内容と方法にフィードバックし、ステップ1からステップ4までスモールステップで指導を積み上げていきました。

子どもへのフィードバックも、「ニンジンを少し食べられたね。がんばったね」「やったね。米飯が食べられたね」などとがんばりを認めたり、いっしょになって喜んだりしました。

このように、学習面ばかりでなく、しつけなどの面でも、この「子どもをできる状態において挑戦させる」という原則と4つのポイントは、とても有効なのです。

「まあいいか」ではなく「あきらめない」

前述のとおり、この例では、1年ほども成果が見られない状態が続きました。米飯10粒程度が続いたのです。その間、何回もくじけそうになりましたが、あきらめずにやり続けたことで、この子は本当に偏食を克服することができたのです。

もし子どもの抵抗によってあきらめていたら、マサヤ君はまた米飯を食べなくなり、一生食パンの生活であったでしょう。実際、大人でもそういう人はいますね。

親御さんにお伝えしたいのは、ネバーネバーネバーギブアップでいきましょう、ということです。最後まであきらめないで、ねばり強くやり抜くこと。これは物事を成し遂げるうえでの鉄則です。偏食指導でも当てはまるし、他のしつけでも同様でしょう。

先の例では、どうしてあきらめないでやり抜くことができたのでしょうか。**それは、教える側が偏食をなおす意義・価値を十分自覚していたからです。**食事の重要性を認識していたからです。

前述のとおり、日本で主食のお米が食べられないことは大変なハンデであること。お母さんが言われていたように、「レストランに行っても、食べさせるものがほとんどない」のです。しかも、マサヤ君の将来を考えたとき、米飯が食べられないということは、食事を準備する側に大きな負担を強いることになるのです。

また、米飯や野菜を食べないことなど、バランスを欠いた食生活が及ぼす身体的、精神的影響も大きなものがあります。バランスのとれた栄養が摂取できていないせいで、精神的にも落ち着きのない行動が多々見られるようになったことでしょう。

ここに指導目標（内容）を設定する際のきわめて重要なポイントがあります。

それは、子どもの幸せと成長にとって本当に価値ある目標（内容）を設定するということです。言い換えれば、それを願う親にとって本当に価値ある目標（内容）を設定するということです。

「この子を何とかしてあげたい、しなければならない」という熱い思いを込めた指導目標を立てるのです。この指導目標（内容）の価値を十分自覚して初めて本気になれます。少々の障害や抵抗があっても、乗り越えることができるのです。やり抜く決意が生まれるのです。

便利な「まあいいか」が弊害をもたらします

子どもを成長させようとする親の働きかけ（教えること・しつけること）がうまくいかない大きな原因の一つがここにあります。

それは、親自身がその働きかけをする意味や価値を十分に自覚していないために、本気になれないでいることです。

▼「食べ物の好き嫌いはない方がいいけど、まあいいか」

- 「あいさつができないくらい、まあいいか」
- 「靴がそろえられないくらい、まあいいか」
- 「図書館で少しうるさくするくらい、まあいいか」
- 「洗濯物を出さないくらい、まあいいか」
- 「寝る前の歯磨きをしないくらい、まあいいか」
- 「夜11時就寝、まあいいか」……

少し子どもの抵抗にあったり、親が忙しかったりすると、「まあいいか」（たいして意味や価値はない）と簡単にあきらめてしまうのです。親（や教師）があきらめてしまっては、その価値ある指導目標は達成されません。子どもの問題行動は改善されないままです。

そうならないためにも、親はそもそもその働きかけをする（教えたりしつけたりする）意味や価値を問い直し、その意味や価値を十分に自覚できるように学ぶ必要があるのです。

- 「食べ物の好き嫌いをなおす意味や価値は何か」
- 「あいさつをしつける意味や価値は何か」
- 「靴をそろえることをしつける意味や価値は何か」

- 「図書館で静かにするマナーをしつける意味や価値は何か」
- 「洗濯物を出すことをしつける意味や価値は何か」
- 「寝る前に歯磨きをする習慣をしつける意味や価値は何か」
- 「早寝をする習慣をしつける意味や価値は何か」……

この価値の自覚と合わせてもう一つ重要なポイントは、**この指導目標は必ず達成できるという確信と達成するまでやり抜くという固い決意です。**つまり、本気でやり抜く構えをもつことです。

もちろん、指導目標（内容）の価値の自覚・できるという確信・やり抜く決意だけでは、いけません。その目標を達成できる有効な指導方法が不可欠です。

しかし、本気でやり抜くという構えがあって初めて、そうした有効な指導方法を真剣に学び実践しようとする意欲が生まれるのです。

コラム 4

親子ともに食の具体的な基準をもちましょう

親ばかりでなく、子ども自身にも「食の重要性」をわかってもらうといいのです。そうすれば、親がくどくど注意しなくても子ども自身で気をつけるようになります。それに、子どももいずれは自立していくわけですから、子ども自身にわかってもらうことが必要です。

そのために、最適な本があります。『親子でまなぶ　頭のよくなる栄養事典』（国土社）です。著者の山田豊文氏は、杏林予防医学研究所所長で医学（分子栄養学）博士であり、各メディアで食による予防医学の啓発と栄養指導を草の根的に広めている方です。

この本のごく一部だけ内容を紹介すると、「第Ⅰ部　栄養が欠けるとこんなことが！」には、次のような子どもが登場します。

1　おとうさんのいうことが聞けない、秀樹くん

2　朝、おきられない、孝志くん
3　塾で眠たくなってしまう、浩也くん
4　そわそわしておちつかない、利夫くん
5　友達ができない、亜美ちゃん
6　おすもうというあだ名の、衛くん
……（中略）
15　なかなか、アトピー性皮ふ炎がなおらない、恵太くん……など。

必要な栄養をとらないことで、こんなにも多くの悪影響があるのかと、愕然とするほどです。裏を返せば「食生活を改善することでこんなにも多くのことが改善していく」とも言えるわけで、希望も出てきます。

実際、カリスマ栄養アドバイザーといわれる山田氏には、その栄養指導により多くのプロスポーツ選手が復活するなど、数多くの実績があります。

この本は、もともと毎日小学生新聞に連載されていた文章がもとになっているので小学生でも十分に読めますし、わが家では子どもたちといっしょに読んで学んでいました。たとえば、この本を親子で読み合えばいいのです。あるいは、親が読んで子どもに話して聞かせればいいのです。

この本の巻末には「スーパーヘルスへの食べ物チェック表」がのっています。表1は「できるだけ避けた方がよい食べ物」、表2は「できるだけ食べるとよい食べ物」です。

■表1　できるだけ避けた方がよい食べ物

・アイスクリーム・ソフトクリームなどの冷菓
・菓子パン・カステラ・ドーナツ・ケーキ類
・ガム・ビスケット・クッキー類
・チョコレート・キャラメルおよびその加工品
・まんじゅう・ようかん・肉まん・あんまんなど
・清涼飲料水・ジュース・炭酸飲料など
・ハム・ウインナー・ソーセージ・竹輪など
・インスタントラーメン・カップめん
・ポテトチップス・スナック菓子類

■表2　できるだけ食べるとよい食べ物
・緑黄色野菜（ニンジン、ピーマン、ホウレンソウ……）
・淡色野菜（キャベツ、キュウリ、ジャガイモ……）
・大豆および大豆加工品（とうふ、納豆、みそ汁）
・海藻類（ひじき、こんぶ、わかめ）
・魚・小魚（しらす、いわし、さんま、さば……）
・果物（りんご、みかん、ぶどう……）缶づめはのぞく。
・朝ごはん（和食）
※これ以外にも山田氏はいも類、ゴマなどの果実類、きのこ類をすすめています。

各項目○ごとに、毎日飲食する×10（点）、2日に1回ぐらい×5（点）、1週間に1回ぐらい×3（点）、1ヶ月に1回ぐらい×1（点）となっており、食べる頻度が高くなるほど点数が高くなっています。

最終的に、表2の合計から表1の合計を引いて、食習慣を採点します。つまり、表2「できるだけ食べるとよい食べ物」をできるだけ食べ、表1「できるだけ避けた方がよい食べ物」をできるだけ避けると得点が上がる仕組みです。21点以上が合格。10点以下の場合は、危険信号がともります。

「栄養のバランスのとれた食事をしよう！」といっても、このような具体的基準がないと、スローガンばかりでちっとも食習慣は改善しません。そこで、わが家では、この山田氏の「スーパーヘルスへの食べ物チェック表」を基準にしています。

たとえば、わが家の朝食は、「玄米食・みそ汁・納豆・野菜サラダ・自家製ヨーグルトと果物（以上定番）、それに魚か目玉焼きか肉など」です。

筆者も子どもたちも、ケーキなど甘い物が大好きなのですが、「今夜は外食して食後にパフェを食べたい。だから、日中は甘い物を控えておこう」などと考えたり、冷蔵庫にあるジュース・炭酸飲料なども、コップ1杯ずつ飲むなど一度にたくさん飲まないようにしたりしています。

また、母親がルイボス茶などを作り置きしていて、普段はなるべく糖分のないこちらを飲むように親子とも気をつけています。インスタントラーメンなども、子どもは好きなので食べますが、月2回程度で、回数は多くならないようにしています。

つまり、表1の食べ物はなるべく多く食べないようにして、表2の食べ物をなるべく多く食べるようにするわけです。山田氏が言うように、「ま（豆類）、ご（ゴマ・種実類）、わ（わかめ・海藻類)、や(野菜類)、さ(魚(青魚)類)、し(しいたけ・きのこ類)、い(いも類)食と、語呂よく呪文のようにとなえると覚えやすいでしょう。

「いちいち気にしないで好きなものを好きなだけ食べ（させ）たい！」
「親の私自身が野菜嫌いだし、いちいち野菜サラダを作るのは面倒なの！」

こんな声が聞こえてきます。栄養のバランスを考えて、かつ子どもがおいしく感じるように料理を一工夫して……となると、たしかに大変です。

しかし、今の時代、「何を食べるか・どう食べるかなどを気にしないで自然体でいこう！」というのは、ある意味ジャングルの中を丸腰で歩くようなものでしょう。好きなものだけ食べた結果いろいろな悪影響が出てきて困るよりも、親と子が少しでも努力や工夫をし食事に気をつけることで未然にその悪影響を防ぐことができるとしたら、その努力や工夫を継続したいところでしょう。それに、歯磨きと同じでよい食習慣を身につければ、子どもには一生の宝物になるのです。

それには、親子ともに具体的な基準をもって食事をとることが大切ではないでしょうか。

原則5　お手伝いをする子に育てましょう

昨今、お手伝いをしない子どもに困っている、というような話をよく聞きます。

「働いて疲れている母親が食事の準備から片づけまですべてをやり、その間子どもは平気でテレビを見ている」

「食事もそうじも片づけも洗濯もしてもらって当たり前。感謝しない」

このようなケース、思い当たる方もいらっしゃるのではないでしょうか。

「あなた作る人、私食べる人」が当たり前になっていませんか

お手伝いをしない子どもを責めるのは簡単です。ですが、その責任は、「子どもにそれ相応のお手伝いの機会を与えようとしなかった親にある」と、筆者は思います。

「まだ子どもが小さいから」「親がやった方が早い」等々、さまざまな理由でお手伝いの機会を与えることをためらっていませんか。その結果、「あなた作る人、私食べる人」が当たり前になってしまうのです。

お手伝いの価値1　思いやりのある子に育つ

多くのお父さん、お母さん方は、わが子に「親をはじめ他者を気づかう思いやりのある子に育ってほしい」と願っていることでしょう。そうした子に育てるために、とても有効な方法がお手伝いをさせることなのです。それは、次のエピソードを読むと、よくわかります。

お母さんの体って、がんじょうだね

この年は例年になく暑い日が続きました。そんな真夏の日中のこと、ユカリさん（12歳）は、エアコンのないキッチンで、お手伝いの「米とぎ」を始めました。

「お母さんの体って、がんじょうだね。よくこんな暑い中で料理ができるね」お米をとぎながら、ユカリさんの口からは自然とこんな言葉が出ました。

汗をかきながら料理をしているお母さんの姿をいつも見ていたはずなのに、ユカリさんは、自分も実際に暑い中で「米とぎ」をしてみて初めて、お母さんの大変さがわかったのです。

ここに1つ目のお手伝いの教育的価値があります。実際にお手伝いをやってみることで、家事労働の大変さがわかるのです。母親の大変さを思いやることができるようになっていくのです。「こんな大変なことをしてくれていたのか」ということが実感としてわかれば、感

謝の気持ちも自ずとわいてきます。

つまり、お手伝いは、感謝する気持ちを育て、相手の立場や気持ちを思いやる子に育てるのです。

他にも、お手伝いをする価値はたくさんあります。

お手伝いの価値2　誇りをもち、責任感と協調性のある子に育つ

わが家の場合、「家族は助け合うもの」という基本的な価値観を共有しています。

だから、家族である以上、応分の家事分担はやらなければならない義務でもあります。

現在小学校高学年の次女には、トイレそうじと各部屋にあるゴミ箱のゴミ集めをずっと続けさせています。他にもテーブルふきや、家族みんなの箸を並べたりごはんを盛りつけたりすること、自分の食べた食器を片づける（お手伝いというより自分で自分のことをしているだけですが）ことをしています。

トイレそうじもゴミ集めも、やってもらって助かっています。どちらも、やってもらわなければ困る家事です。だから、親としては、実感をともなって「ありがとう。助かるよ」と

いう言葉が出ます。

子どもは家事分担を通して、「自分は人の役に立っている。家族に貢献している」という誇りをもつことができるのです。

「忘れたり、いいかげんにやってはいけない。きちんとやろう」という責任感を育む機会にもなっています。もちろん、家事分担をすることは、協調性を育む機会にもなります。

お手伝いの価値3　自立し、自信をもった子に育つ

お手伝いという家事分担は、具体的に言えば次のようなものですね。

▼炊事（食事をつくること、配膳、片づけ、食器洗いなど）
▼洗濯（洗濯をする、洗濯物を干す、取り入れてたたむ）
▼そうじ（風呂そうじ、部屋や廊下のそうじ、トイレそうじ、玄関掃き、窓ふき、ゴミをまとめて出す……）

いずれも、「いつかは一人でやれるようにならなければならないこと」です。就職と並んで、自立への必須条件でもあります。お手伝いができることは、自分で家事労働ができるということですからね。自立心が育まれ、自分に自信がもてるようになります。

逆に、ろくに手伝い一つさせないで育てると、将来、炊事・洗濯・そうじ……のいずれも面倒がり、きちんとできない大人になります。教えていないのだから当然です。共働きの多い現代社会においては、男女を問わず、将来の交際相手からは結婚相手としては選びたくない異性となってしまうかもしれません。

お手伝いの価値4　見通しを持って物事をやり遂げられる子に育つ

家事労働には、目的と手順があり、段取り力・計画性が必要とされ、ガマン強さと責任感が要求されます。疲れたからといって、やることを忘れたり、いいかげんにやってもらっては困るわけです。

それゆえ、お手伝いは、見通しをもって物事をやり遂げる力（段取り力、強い意志、集中力、責任感など）を育む機会となります。これは、最も身近な職業教育の機会でもあります。

お手伝いの価値5　家事労働の分担で、親も助かる

実際に、子どもに家事労働を分担してもらえればその分「親が」助かります。それ自体のメリットだけでも、十分にお手伝いをさせる価値があります。

親が風邪をひいた際に家事一切を引き受けてくれたり、大そうじを率先して手伝ってくれたりと、子どもは成長するにつれ、非常に強力な戦力になりますよ。

もちろんお手伝いは、親子のコミュニケーションのよい機会にもなります。そのうえ、お手伝いをする子は総じて学力が高いことが、統計上わかっています。

つまり、お手伝いをさせることは、教育的価値が高く、よいことずくめなのです。

子どもが進んでお手伝いをするようになるには？

とはいえ、そう簡単にお手伝いをさせられるとはかぎりませんね。どうすればいいのでしょうか？

まずお手伝いの意味や価値を親が自覚し、「お手伝いをさせる」と決意することが何よりも大切です。だからこそ、ここまでお手伝いの価値を長々と書いてきたのです。そして、

▼「子どもがまだ小さいから（↑小さいうちからやらせた方が身につきやすいです）」

▼「子どもにお手伝いさせるよりも、親がした方が早いから（↑確かにしばらくはそうでしょうが、いずれ元がとれます）」

▼「子どもにお手伝いをさせると、主婦としての仕事（立場）がなくなってしまうから（↑子どもに手伝わせるのは家事の一部にすぎません）」

等々の言いわけを乗り越える必要があります。

そのうえで、先にあげた「炊事・洗濯・そうじ」などの中から、**本人ができることで、家族が助かること、しかも定期的にやる必要のある手伝いをやってもらうようにするとよいでしょう。**最初にやらせるならば、配膳の準備や片づけなどがおすすめです。

教え方の原則は、平たく言えば、まさに山本五十六の名言「やってみせ、言って聞かせて、させてみて、ほめてやらねば、人は動かじ」です。

むずかしく考えずに、まずは親子いっしょに家事労働をしましょう。子どもは「見習い」になればいいのです。

筆者のよく知っている母親は、次のような話をしてくれました。

2年間、娘といっしょに夕ごはんを作った母親

長女が小学校5年生の頃は、それほど忙しい職場でなくて午後6時には帰宅できました。そこで、毎晩、長女といっしょに夕ごはんをつくりました。これを小6の終わりまでの2年間続けました。だから、長女はコロッケを揚げたり、餃子やがんもどきをつくったりすることも、簡単にできます。片づけも、もちろん大丈夫です。

今は、大学受験生となりましたが、私が「受験生だからお手伝いなどやらないで勉強だけしていなさい」と言っても、私が忙しいときなど、すすんで料理をつくり、後片づけなどもしっかりとしてくれます。小5、6の2年間、いっしょに夕ごはんをつくって本当によかったと思っています。

野菜の切り方、味付けの仕方などやってみせ、言って聞かせたことでしょう。そして、実際に野菜を切らせたり、味付けをさせたわけです。当然、うまくできればほめ、違っているところはくり返しやってみせたり、手を添えたりして優しく教えたことでしょう。それを2年間、ほぼ毎日続けた結果が現在につながっています。

お手伝いスタートは3、4歳頃がベスト

「子どもがまだ小さいから」「まだできないでしょう」などという理由でお手伝いをさせない親がいますが、**中学生からでは完全に遅く、正直にいえば小学校高学年からでも遅いでしょう。なぜなら、部活や塾通いなどで、お手伝いの時間がなかなかとれなくなるからです。**

それに、8歳を過ぎる頃から我が出てきて、簡単に親の言うことを聞かなくなってくるからです。

むしろ子どもがまだ小さいうちにこそ、お手伝いをさせ始め、教え込んだ方がはるかにうまくいきます。小さいなりにできるお手伝い、たとえば家族みんなの配膳――箸を置くだけでもいいのです――、片づけなどをさせるのです。

そこで、「家族だから助け合うんだよ」と言ってお手伝いをさせ、「ありがとう」と言って感謝の気持ちを伝えます。こうすることで、まず「家族は助け合うもの」という価値観（協調性のもとになります）と人の役に立つ喜びを教えるわけです。

学年が上がるにつれて、能力的にはレベルアップしてきますから、それに応じてお手伝い

内容もレベルアップしていけばいいわけです。たとえば、箸を置くだけだったのが、みそ汁やごはんを盛ったり食器を洗ったり、やがてはみそ汁をつくったりごはんを炊いたりとレベルアップしていくわけです。

「家族は助け合うもの」という価値観、人の役に立つ喜び自体は学んでいるわけで、抵抗はなく、スムーズにレベルアップを図ることができるでしょう。

この見えない部分——価値観や人の役に立つ喜び——が育っていないのに、我の出てきた中・高学年以降の子どもに、いきなり学年相応のレベルのお手伝いをさせようとするから、強い抵抗にあうのです。

「お手伝いなんてやらない！」と反発するのは、「思春期だからしょうがない」ではなく、もちろん能力的に無理だからでもなく、助け合うという価値観と人の役に立つ喜びを学んできているかという問題なのです。

お手伝いは、我のあまり出ていない、子どもが小さいうちにこそスタートすべきです。

お手伝いスタートの時期が遅れたら、もう間に合わない？

なかには、「自分の子どもは、お手伝いをさせないうちに大きくなってしまった。確かにすぐに反発してお手伝いをちっともやろうとしない。どうしたらよいのだろうか」という親御さんもいるでしょう。

ここで、前述の法則やポイントをいかしてください。

原則3「子どもをできる状態において挑戦させる」のです。

たとえば、ポイント1「家族みんなの食器を流しに運ぶ」などの簡単なお手伝いから始めましょう。そして、ポイント3「出来具合を見とどけ」、ポイント4「フィードバック（ほめる・励ます）を忘れない」、つまり「うまくできているね、助かったよ。ありがとう」と伝えていくのです。

「模範を示す」「いっしょにやる」ことも大切なポイントです。

たとえば、「お母さんが大変だから今度から食器を流しまで運ぶことにしよう。お父さんは、皿を運ぶから、おまえは茶碗を運んでくれ」とするのです。かなりの場合、うまくいくでしょう。

価値観や人の役に立つ喜びがまったく育っていない場合、親子の信頼関係があまりない場合など、それでもむずかしいかもしれません。そこで、ポイント2「教え方を工夫する――知恵を集めてしぼる――」必要があります。

たとえば、おこづかいアップと合わせて、あるお手伝いをすることを条件とすることです。ある親は、おこづかい制とセットで、靴磨きをさせるようにしました。もちろん、はじめはいっしょにやりながら教えました（後は、先の原則のとおりにやればいいのです）。

きっかけは、おこづかいアップという外発的動機づけ（アメで釣るやり方）ですが、やり続ける中で、自立と自信も、段取り力・責任感、そして人に役立つ喜びも学んでいきます。

もちろん、靴磨きでなくてもよいのです。

別のある家庭では、「家族の夕食を1回つくれば500円やる」と決めて実行していました。親子で洗車をするケースもあります。

幼い頃がスタートに最適な時期ではありますが、お手伝いをさせるのに、遅すぎるということはありません。実際に、学校では給食当番も清掃当番もやっているのですから。

原則2「子どもの興味をいかしてやる気を引き出す」ことにより、子どもがやりたいお手伝いを選ばせ、いっしょにやれば、楽しい親子のふれあいの機会にもなるのです。

原則6　教育環境を整え、現代の凶器から子どもを守りましょう

30年前はテレビとテレビゲームだけでしたが、持ち運びのできるゲームボーイが登場し、Ｗｉｉ、ＰＳＰ、３ＤＳへと進化。２０００年になってインターネットが爆発的に普及しました。ネットを活用してできるゲームが主流となり、最近はスマホでできるゲームがもてはやされていますね。こうしたテクノロジーの進歩が、親子の絆を引き裂き、子どもを毒している現状があります。

テレビ・ゲーム機・スマホ・ＳＮＳに依存する子どもたち

たとえば、せっかく家族で温泉に行きながら湯上がりのほっとした時間に、ゲーム機に熱中している子ども。そんな子どもを前にして、話しかけることもできずにいる親。こんな光景は珍しくなくなりました。

新潟県・佐渡に実家のある友人がこう言っていました。

「10年前までは、カーフェリーが港に着くまでの間（約2時間半）、家族でトランプをしている光景がよく見られたんですよ。でも、最近は子どもはゲーム機でゲームをしていて、親はスマホに夢中なんですよね。家族でトランプをしている姿はめっきり見られなくなりました」

以前あるセミナーで、浜松医科大学児童青年期精神医学講座特任教授の杉山登志郎氏が次のように述べていました。

「子育て中の父母のゲームは禁止にしたい。待合室で、親子3人がDSをそれぞれ1台ずつ、3台も持ってきてゲームをしている。あるいは、母親が子どもと目を合わせないで、スマートフォンを見ている。これでは、子どもの健全な成長は望めない～（略）」

つまり、専門医の立場から見ても、ゲーム機・スマホは子育て上、悪影響を与えているのです。厚労省も中高生のインターネットへの依存についての調査結果を公表し、過度のネット依存の実態に警鐘を鳴らしています。

ネット依存の中高生51万人、8％が「病的」睡眠障害や体調不良も

インターネットへの依存性が極めて高く、「病的使用」とされた中高生が8・1％に上ったことが1日、厚生労働省研究班の調査でわかった。中高生のネット依存に関する全国調査は初めて。研究班は病的使

用状態にある中高生を約51万8千人と推計している。

調査によると、1日（平日）のネット平均利用時間は「5時間以上」が男子中学生で8・9％、女子中学生で9・2％。高校生になると男子13・8％、女子15・2％と増加した。休日になると中学生でも13～14％、高校生では20％以上に跳ね上がった。――（中略）――

一方、ネットにのめり込み生活に支障をきたす中高生も多く、依存性の高い約6割が「十分な睡眠が取れていない」と回答。「夜間に目が覚める」などの睡眠障害を訴える生徒も多く、「午前中、調子が悪い」などの声も目立った。（msn 産経ニュースより・2013・8・1）

平成25年8月1日のNHKテレビでは、一日10時間以上もインターネットをしているという、ネット依存の高い男子生徒がオンラインゲームに熱中している様子が放映されていました。

筆者が知っている例でも、親に隠れてふとんの中で夜中の12時過ぎまでゲームをしていた子どもがいました。その子は、続きをやりたいばっかりに、学校を早退したこともありました。

だから、放映されたテレビ番組をネットで見ることができたり、オンラインゲームすらできたりする現状を考えれば、1日5時間以上もはまる子どもが1割近くいることもさもありなんと思います。

恐るべきテレビ・ゲーム機・スマホ・SNSの弊害

ネット依存の中高生の割合が、男子よりも女子の方が上回っていることを意外に思う読者もいることでしょう。

理由はこうです。近年のゲーム機は、かつてのようにゲーム専用機でなく、インターネットにも接続できる情報端末機になっています。ゲームよりも、コミュニケーションツールとして使っている子どもも多いのです。特に女子は、SNS（LINE、Facebookなど）にはまる傾向が強く、それがネット依存の女子の割合を押し上げています。

1日2時間程度という子ども（『子供をゲーム依存症から救う精神科医の治療法』（データ・ハウス）の著者である岩崎正人氏によれば、これもすでに日常生活に悪影響の出る依存状態で、親の介入による規制が必要な状態といいます）を含めれば、ネット依存の割合はさらに跳ね上がります。

こうした現状は、ハイジャックならぬ、ネットによる「子どもジャック」と言ってもいい状況だと思います。

前述のとおり、**ネットだけでも、「1日（平日）のネット平均利用時間は「5時間以上」が男子中学生で8・9%、女子中学生で9・2%」というすさまじい実態です。**

テレビ・ゲーム機・スマホ（インターネット）・SNS……などに要する合計時間は、とてつもないものになることでしょう。それだけ弊害も大きくなるわけです。

代表的な弊害を次にあげておきましょう。

弊害1　学習時間が奪われる

テレビ・ゲームの視聴時間と学力とは相関ありとの結果が出ています。学習時間がテレビ・ゲームの時間にとって代わられているのだから当然でしょう。

知人の家庭でテレビが故障し、1週間以上もテレビがない生活が続いたところ「息子が自分から夜勉強するようになった」そうです。

逆に、テレビやゲームがなければ（または利用制限があれば）、勉強する時間が確保できるのです。家庭学習の習慣も身につきやすくなります。

弊害2　睡眠時間が奪われる

子どもの心身の健全な成長に不可欠な睡眠時間すら奪っています。

その結果、①睡眠不足となり、②心身の成長を妨げ、③疲労しやすくなり食欲や集中力が低下し、④イライラするなど、感情コントロールが困難になり、⑤食習慣が不健全化し、⑥メラトニンの分泌が減少する（老化・ガン化促進）などの弊害が指摘されているのです。

不登校になったきっかけの第2位に睡眠などの生活リズムの乱れがあげられています。睡眠時間が短いと不登校になる可能性が高くなるのです（詳しくは、コラム5「『早寝』をスローガンで終わらせない！」（P208）を参照してください）。

④「イライラするなど、感情コントロールが困難になる」について補足するならば、「学校で授業に集中できず、キレやすくなり他の子とのトラブルが発生しやすくなったりする」ということ。つまり、学習や対人関係にまで弊害が及ぶということです。

⑤「食習慣の不健全化」について補足すると、「夜遅くまでテレビ・ゲーム機・スマホ・SNSにはまってしまい、朝早く起きられない。朝食をゆっくりと食べられなかったり、朝

食抜きになりやすかったりする」ということです。

弊害3　友達といっしょに体を使って遊ぶ時間が奪われる

いわゆる従来型の遊びの時間が奪われます。

運動能力、ルールを守り他者と仲よくかかわる力、思いやり、粘り強さや集中力、段取り力、創造性……これらを培う遊びの機会が奪われるのです。

弊害4　ゲームソフトの内容面の悪影響を受ける

ご存じのとおり、エログロ・ナンセンスな内容がたくさんあります。暴力シーンも多いため犯罪に対して鈍感になり、犯罪やいじめを助長すらしているのではないかと思います。よい本を読めばよい影響を受けるように、内容面の影響は大きいのです。

弊害5　孤立・引きこもり・不登校につながる

家族や友達との会話や直接的なふれあいより、コンピューターゲームやＳＮＳに何時間もはまることで、実生活への関心が低下していきます。

それは、引きこもり・昼夜逆転の生活・イライラ・うつ……から遅刻・保健室登校・不登校へとつながる可能性すらあります。

これ以外にも、運動不足・肥満・視力の低下・課金による借金のトラブル・出会い系サイトによる性被害・ゲーム依存症の子どもが将来パチスロなどのギャンブル依存症になる可能性が高まることなど、恐るべき弊害がたくさんあります。

子どもだけではなく、大人の場合ですら、コミュニケーション不足・課金による借金のトラブル・育児放棄・出会い系サイト等による浮気・離婚・退職など深刻な問題につながるケースが増えているのです。

なぜ親は買い与えてしまうのか

これだけの弊害があるのに、なぜ親は子どもに買い与えるのでしょうか。子どもは親にあれこれ理由をつけて「買って！」と言いますね。

「みんなもってるよ。もってないと仲間はずれになる」
「どうしてもほしい！（と、泣きわめく）」
「おばあちゃんが買ってあげてもいいって言ってるよ」

あの手この手でくり返し言われたり、場合によっては大泣きされたりすれば、多くの親たちは、心が動いてしまうのでしょう。

また、普段仕事などで忙しく、あまりかかわれていない親御さんは、ものを買い与えることでその分を償おうという傾向があり、また嫌われてはたまらないので、子どもの意にそった判断をしがちです。普段忙しくてなかなかかまってあげられない現状から、ゲーム機が代わりに遊んでくれるなら助かるという面も少なからずあるでしょう。

しかし、これらの判断基準は、「子どもが喜ぶか、喜ばないか」、あるいは「子どもが反発する（子どもに嫌われる）か、しないか」「他の家庭がどうしているか」です。買い与えることによって、子どもの教育環境がどう変わり、その結果、子どもの成長にどういう影響が出るかという視点がありません。

子どもの教育環境を整えることは、親の基本的な役割の一つですから、このような判断基準・視点だけではいけません。親が子どもに許可するか・しないかを判断する場面は、次のようにたくさんありますね。

▼ゲーム機やスマホを与えるかどうか
▼テレビを見てよい時間は1日何時間までか
▼就寝時間は何時か
▼門限は何時か
▼市外の映画館に行くことを許可するかどうか……

このような場面で、先の判断基準でずっと親が行動していくと、言い換えれば子どもの求めるままにそれを許していくと、子どもは前述のような弊害をもろに受けることになり、自分の生活を律することができなくなります。

これが本当に子どものためになることでしょうか。親の望んだ結果でしょうか。

「子どもの成長のため」という判断基準を守りましょう

では、どうしたらいいのでしょうか。

「環境アセスメント（環境影響評価）」という言葉があります。これは「開発が環境に及ぼす影響の内容と程度および環境保全対策について事前に予測と評価を行い、保全上必要な措置の検討をすること（広辞苑より）」です。

同様に、親が子どもの「教育環境アセスメント」を行えばいいのです。これを買い与えるという判断をしたら子どもの教育環境はどうなるのか、その影響の内容と程度を予測し評価するのです。

その結果、子どもにとってよくない影響が大きいと判断・評価すれば、①やめる、②よくない影響を減らしつつ取り入れる、③プラスの影響の面を高める、などの行動をとればいいのです。

つまり、親は、判断基準を「子どもが喜ぶか、喜ばないか」、あるいは「子どもが反発する（子どもに嫌われる）か、しないか」「他の家庭がどうしているか」から、「子どもの成長にとってよいものかどうか」に変える必要があるのです。

言い換えれば、この章の冒頭で紹介した「子育てのビジョンの達成にとってよいものかどうか」に変える必要があります。そして、その判断基準にしたがって、よりよい教育環境をつくり出すべく「教育環境アセスメント」を行えばいいのです。

第1章で紹介したように、親は子どもが成長する教育環境を整える責任があります。積極的にはよい教育環境を与えると同時に、悪い教育環境になることを防いだり悪い要素を除いたりする役割をもっているわけです。

「どうしてもほしいと子どもに大泣きされたから」「友達みんながもっているようだから」「子どもの反発がものすごいから」という、その場しのぎの判断基準ではなく、

- 子どもの発達段階や性向をよく考え、
- 許可した場合のプラス面とマイナス面の両面を検討し、

▼長い目で見て、子どもの成長のためになるかどうか

という基準で判断しましょう。もちろん、どんな親御さんでもわが子の反発はイヤでしょうし、わが子の喜ぶ姿を見たいでしょう。友達の家ではどうなのかも気になるはずです。

しかし、根本の判断基準は、「子どもの成長のためになるかどうか」で判断すべきです。少なくとも、マイナスにならないように考えて判断すべきです。

依存対策1　そもそも買い与えない

ゲーム機やスマホを買い与えるべきかどうかについて、教育環境アセスメントに基づいて考えてみましょう。

むずかしいようでいて、実行すると簡単かつ最も弊害が少ない対応があります。

それは、そもそもゲーム機やスマホを教育環境の中におかないことです。すなわち、コンピューターゲーム機（ネットにも接続できる情報端末機）の類いを買い与えないことです。

いずれ買い与えるにしても、とりわけ子どもが小さい間は、できるだけ先延ばしにしてください。少なくとも小学校低学年までは、買い与えないことをすすめます。なぜなら、8歳までの脳は変えやすく育てやすいと言われ、あらゆる影響を受けやすいからです。小さいときからの習慣は、より影響力が強いのです。

実際、筆者の家庭でも子どもが大きくなるまでゲーム機の類いは一切買い与えませんでした。友達との交流に支障が出るとか仲間はずれになったら困ると、買い与える家庭も多いようですね。わが子の場合、友達の家では仲間に入れてもらってゲーム機で遊んでいました。家で自由にできない分、ガマンしていたとはいえるでしょう。

おかげで基本的な運動能力を育てる大事な時期に、娘は毎日のように外で元気よく体を動かして遊びました。室内の遊びやゲームもたくさん楽しみました。室内野球、サッカー、バレーボール、積み木、買い物ごっこ、ジェンガ、UNO、トランプ、人生ゲーム……。ゲーム機という強力なライバルがいなかったおかげで、親や姉妹・友達といっしょに遊ぶことができたのです。

もしゲーム機があったら、これらの室内遊びやゲームに触れようとしたか大いに疑問です。手軽で（相手を見つけなくともよい）、楽しいゲーム機に流れてしまい、なんの疑問も感じなかったと思います。

依存対策2　買い与える前にルールを決める

もちろん、弊害を考慮して全面禁止という選択ばかりでなく、その弊害を極力減らしながら、買い与えるという選択もあります。買ってもらうという希望がかなえられるため、子どもによる抵抗は少ないでしょう。

この場合、その弊害を極力減らすために、「事前に親子で話し合ってルールを決めることが必須」です。そして、決めたルールを守らせることが必要になります。そこでは、親子が納得でき、しかも弊害を少なくできるルール作りがポイントになります。

ここでは、わが家の「たまごっち」を買ってあげるかどうかの選択について紹介しましょう。当時長女は小1でした。わが家では約束どおりに、2人の娘にたまごっちを買ってあげました。約束というのは、娘たちはある課題にチャレンジしたのですが、それができたらたまごっちを買ってあげるというものです。二人はがんばり通しました。

実は、このたまごっち、前年の夏休み前から長女に「ねえ、買って！　Aちゃんも、Bちゃんも持ってるんだよ。買って、買って」と言われ続けてきたものでした。

さて、どうしてたまごっちを買ってあげることにしたのでしょうか。

その課題へのチャレンジを成功させたかったから？　それは違います。ごほうびをあげるにしても、別にたまごっちである必要はないのです。

「ほしい、ほしい」と言い続けてうるさいから？　それも一部にはありましたが、適切な玩具ではないと判断すれば、そんなことには負けません。親が子どもによりよい教育環境（玩具は一つの教育環境です）を整えるのは、親としての責任です。

多くの子がもっているから？　たしかにわが子ばかりがもっていないことでさびしい思いをさせたくないという気持ちもあります。もっとも、6％を超えると「みんな持っているから」という言い方が成り立つそうですから、本当にそうか確かめる必要はあります。もちろん、多くの子が持っているからといっても、教育上よくないものなら、買う必要はありません。

では、どうしてたまごっちを買ってあげることにしたのでしょうか？

第一の理由は、親のコントロール下にあるうちに、免疫をつけておきたいと考えたからです。つまり、それに過度にはまりすぎることがないようにしておきたい。言い換えれば、**「家族とのふれあいや学習など、日常生活に支障をきたすことなく、適度に楽しめるようにコントロールする力をつけること」がねらいでした。**

第二の理由は、バランス感覚です。仲よしの友達が持っていれば、ほしいと思うのは当然です。ある程度の流行にのるのも、教育には必要だと思うからでした。

第三の理由は、娘がとてもほしがっていたからです。

何事も出だしが肝心！　購入するにあたって、たまごっちで遊ぶ際のルールを決めました。もともと買ってあげるねらいが、「家族とのふれあいや学習など、日常生活に支障をきたすことなく、適度に楽しめるようにコントロールする力をつけること」ですから当然です。

娘2人を含めた家族全員の話し合いで、次のように決まりました。

①土・日・水の3日間は、たまごっちお休みの日。ただし、えさなど最小限の世話はしてもよい。場所は、キッチンの定位置から動かさない（自分の部屋に持っていくことはできないということです。後述するメディアボックスをキッチンに置いています）。

を決める（たとえばゲームの日は、火・木・土の週に3日間で、夕食前までというように）。
③使ってよい曜日や時間帯以外は、ケータイ電話・スマホ・コンピューターゲーム機などをメディアボックスに置いておく。

最近では帰宅後すぐに習い事に行く子どもも多く、時間帯のルールは家庭の実態に応じてとなるでしょうが、**ゲームをしてよい時間は、1日1時間以内までをすすめます。**というのは、専門医の知見によれば、1日2時間以上の場合はすでにゲーム中毒の初期段階に入っており、親の介入なしにはゲーム依存から抜けられない状態といえるからです。また、ゲームを休む日も週3日間はつくりましょう。

ケータイ電話やスマホについては、夜遅くまで使用することで睡眠不足になったり学習に集中できなかったり、対人関係にトラブルが生じたりと深刻な影響があります。

中学校によっては、生徒会で、夜10時以降はケータイ電話を使わないというルールを決めているところもあります。ちなみに、わが家の場合は、高校1年生で初めてスマホを与えましたが、夜9時までというルールにしています。おかげで、9時以降は落ち着いて学習に集中できています。

テレビの視聴であれば、「見たい番組を決めて、1日2時間まで」というルールもありでしょう。ただ、インターネットでも動画を見られますから、テレビとパソコン、ゲーム等の使用を含めてやってよい時間帯などのルール設定が必要です。

そもそもテレビやパソコンなどを子どもの部屋に置くのは絶対にやめましょう。

そうすれば、子どもはインターネットでエログロ映像を見たり、いかがわしいDVDなどを見たりできなくなります。夜中にこっそり起きて、インターネットにはまることもないのです。

もうすでに「はまっている」現状からの脱出方法

ここまで読み進めてきた読者によっては、「わが家の場合、すでにゲーム機を求められるまま、ルールを話し合って決めることもなく買い与えてしまった。宿題もしないで、ゲーム機に一日何時間もはまって困っている」という方もおられるでしょう。

いったいどうしたらいいのでしょうか⁉

冒頭で少し紹介しましたが、筆者が知っている例で、「ゲーム機にはまってふとんの中で夜中の12時過ぎまでやっていた児童（当時10歳）」がいます。確かにはじめからルールを決めてやる場合に比べて、後からルールを守らせることはむずかしくなります。しかし、改善できないことはありません。

この児童の場合どうやって改善したかといいますと、まず親に本気になってもらいました。次に、弊害を少なくすべく使用時間を少しずつ減らすルールづくりをしてもらいます。

ここは、できるだけ親子で話し合い、子ども本人のためだということをわかってもらう努力をします。そして、決めたルールを守らせることになります。

具体的に言えば、「月・水・金の3日間はゲームをしない」とか「火・木・土・日も、夕食後は一切ゲームをしない」というルールです。

「1日1時間まで」というルールもありますが、それだと親が帰宅するまでにどれくらいやっていて残りがどれくらいか把握していなければならなくなります。つまり、チェックがむずかしくなるのです。

使ってはいけない曜日あるいは夕食後は、親がゲーム機を預かっておけばいいのです。これだと比較的管理がしやすく、守らせやすいのです。

子どもも、この日はゲームができないとなれば、外で鬼ごっこをしたり野球をしたりと、あきらめて他の遊びをして過ごすことを考えます（実際この子もそうなりました）。夕食後は、頭をゲームから切り替えて入浴したり好きなテレビを見たり、場合によっては親子でトランプを楽しんだりとなります。親がゲームにはまっているわが子の姿を見てイライラすることもありません。

ゲームの続きをやりたくて早退までしてしまった子ですが、親のこうした努力の結果、ゲームへの依存度は通常程度にまで戻りました。

この子の場合、まだ10歳でしかも親を慕う気持ちがまだまだ強かったので、親の本気の取り組みでうまくいきました。

ルールの設定と守らせる工夫

ゲーム機の使い方であれ就寝時間であれテレビの視聴時間であれ、**家族で話し合って決めたルールを守らせる根本は、まずもってそのルールが意味や価値のあるルールであることです。**

守ることが、家族の幸せなり子どもの成長なりに寄与するという何らかの意味や価値がなければなりません。しかも、そのことが親だけでなく子どもにも共有されていることが必要です。なぜなら、これらがあって初めて親は子どもにルールを守らせようとするし、子どもも守ろうとするからです。たとえば、睡眠時間の確保が子どもの健全な成長に不可欠という認識があれば「9時就寝」というルールを、親は守らせようとするし、子どもも守ろうとします。

しかし、いくら意味や価値があっても、これまで11時に寝ていたのにいきなり「9時就寝」というルールは、子どもには受け入れられないでしょう。無理があるからです（スモールステップの原則を思い出してください）。でも、「10時半就寝」というルールなら受け入れられる可能性が高いし、また守られる可能性も高いでしょう。

つまり、設定するルールは、意味や価値があり、かつ無理がないルールであることが必要なのです。この2点を満たせば、妥当性のあるルールとして受け入れられることでしょう。

ルールを守らせる根本は、まずこの「妥当性のあるルールを話し合って決めること」です。言い換えれば、ルールを守る意味（価値）が共有されており無理がないことが大前提です。

ルールをつくるときに、それに子どもが参画しているかどうかは、この意味で重要になってきます。子ども自身が加わることで無理のない、より妥当性のあるルールがつくられ、ルールの意味（価値）が共有されるからです。ですから、子どもと話し合ってルールを決めることが原則です。

あるいは、親だけで決めた場合も、そのルールの意味や価値、言い換えれば、なぜそのルールを守る必要があるのかを後で話して聞かせる必要があります。

では、妥当性のあるルールがつくられれば、それだけで守られるかというと、そんなことはありません。**子ども（人間）は、弱いもので、ついつい易きに流れるものなのです。特に、ルールが身につく（習慣化する）までは、弱さが露呈するものです。**

子どもによっては、守る気がさらさらないというケースもあるかもしれません。ルールの意味（価値）をわかっていながら、守らないというケースだって考えられます。

平たく言えば、子どもが親をなめている場合に、そうしたケースが起こりえます。

そうした場合、親はどう対応したらいいのでしょうか。次項の原則７に述べます。

コラム 5

「早寝」をスローガンで終わらせない！

皆さんは子どもの夜ふかしの現状とその悪影響について真剣に考えたことはありますか。

母親「サトル、もう10時よ。寝る時間よ」
サトル（小5）「テレビ、見たいもん」
母親「しょうがないわね～」

かくて、サトル君の就寝時間は11時過ぎになりました。
そして、翌日。

母親「サトル、起きなさい。学校でしょ」

サトル「まだ、眠いよ〜」

それでも、サトル君は菓子パン1つと野菜ジュースをなんとか口に入れて、登校時間にぎりぎりで間に合いました。しかし、サトル君はあくびを連発して学習になかなか集中できません。おまけに、何となくイライラしているサトル君は、昼休みに友達と大げんかまでしてしまいました。

「夜ふかしで遅刻。登校してもあくびの連発で学習に集中できない。イライラして対人関係でトラブルを起こしがち……」など、夜ふかし（睡眠時間の不足）による悪影響は、日々教師として実感しています。親は、「しょうがないわね〜」と許しているようですが、夜更かしによる悪影響は、意外に大きいのです。

東京ベイ・浦安市川医療センターCEOで『子どもの睡眠』（芽ばえ社）の著者である神山潤氏は、「夜ふかしの6つもの害」を指摘しています。

1　睡眠不足：ステロイドホルモンの夕方の減りが悪くなり、肥満をまねく

2　心身の成長を妨げる：寝ている間に分泌される成長ホルモンの働きが悪くなる

3　生体リズムの乱れ：疲労しやすくなり、食欲や集中力が低下する
4　イライラするなど、感情コントロールが困難になる
5　食習慣の不健全化：肥満や体調不良を起こす。朝食抜きになりやすく、肥満になりやすくなる
6　メラトニンの分泌が減少する：老化促進・ガン化促進
※メラトニンは夜暗くなると出てくるホルモン。それは、①眠気を起こし、酸素の毒性から体を守る ②老化防止や抗ガン作用がある ③性的な成熟の抑制作用がある

（神山潤『子どもの睡眠』P6～11より要約引用）

3と4については、筆者自身、学校で授業をしていて顕著に感じることです。ある児童があくびを連発し、落ち着かず、集中力のない日については、その旨を連絡帳に書くと、ほぼ決まって前日夜ふかしをしていました。ぴたりと当たったのです（保護者からの返信で確認できました）。

「ぼーっとしていて、学習に集中できない。イライラしてキレやすくなる……」これでは、学習に大きな支障をきたしますし、友達とのトラブルが増え、対人関係にも問題が生じます。

最も効果的な対策は、十分な睡眠をとらせることです。学校で教師が「学習に集中しなさ

い。仲よくしなさい」とくり返し話すよりも、何倍も効果があるでしょう。子どもは、すでに学習に集中することや仲よくすることの大切さは、それこそ耳にたこができるくらい聞いているのです。本当の原因は、「集中したくてもできない。イライラしてしまう」ということなのです。

子どもと大人とでは、必要な睡眠時間がそもそも違います。学校で「学習に集中してほしい」「友達と仲よくしてほしい」「しっかり朝食をとってほしい」……のだったら、子どもの夜ふかしをやめさせて、十分な睡眠時間を確保してあげる必要があるのです。

つまり、「早寝・早起き・朝ごはん」の話ね、という方もいるでしょう。

しかし、この程度の認識で終わってほしくないのです。たとえば、「早寝」といっても、「わが家は10時就寝で十分に早い」と考えている親もいれば、「わが家は10時就寝では遅すぎる。何とかしなければ……」と考えている親もいるからです。

実際のところ、どれくらいの睡眠時間が必要なのでしょうか。

浜松医科大学児童青年期精神医学講座特任教授の杉山登志郎氏は、ある講座の中で参加者からの質問に対して、「小学校段階では9時間から10時間の睡眠が必要です」と答えています。低学年児童の方が高学年児童より睡眠時間が多く必要なので、幅があるのです。

筆者の前勤務校は、児童数300名ほどの小学校でしたが、低学年児童は9時までに就寝、中学年児童は9時30分、高学年児童は10時就寝を「学校のきまり」として保護者に提示していました。このように、10時就寝で7時起床ならば、高学年児童でも9時間の睡眠を確保できるわけです。就学前の幼児は、8時までに就寝し、10時間以上の睡眠は必要でしょう。つまり、小学校1年生で10時就寝となれば、「早寝」どころか明らかに「夜ふかし」であり、これまで述べてきた弊害が生じるということなのです。

「早寝・早起き・朝ごはん」のスローガンが実効性をもつには、「小学校低学年児童は9時までに就寝～」というように具体的に書きかえられる必要があります。

「夜ふかしがよくないのはわかるけど、子どもが言うことを聞かなくて（テレビ・ゲーム機・スマホに夢中）……」

「仕事で帰宅が遅いから、やむを得ないんだよね……」

という親御さんもいることでしょう。

くり返しになりますが、大人と子どもは必要な睡眠時間が違います。「寝る子は育つ」といいますが、寝ている間に成長ホルモンが分泌され、体は成長します。睡眠によって、体は休養し、心はやすらぎ、記憶は再構成され、心身ともにリセットされます。睡眠には、大切な役割があるのです。子どもの小さいときから生活のリズムを整え、必要な睡眠時間を確保するのは、親の責任でしょう。

20年前、10年前に比べて、特に発達障害のない子についても、教室で落ち着きのない子ども、学習に集中できない子どもがとても増えていることを多くの教師は実感しています。その大きな原因の一つに睡眠不足があるのです。

にわかに信じがたいことですが、先に紹介した神山潤氏は「今や日本では半分以上の3歳児が夜10時を過ぎても起きています。こんなことをしている国は世界中で日本だけです」とコメントしています。はっきり言って異常事態なのです。

コラム3（P146）で紹介した「日本小児科医会の提言」をもう一度ごらんください。夜ふかしの主因がテレビやゲーム機、スマホ（インターネット）だとしたら本章で紹介した「子どもを教え育てるための原則6（教育環境を整え、現代の凶器から子どもを守りましょう）」を活用してルールをつくり守らせることが必要です。

では、どのようにして早寝・早起きの習慣を身につけさせたらよいのでしょうか。

一つには、「寝る直前（就寝30分前）には脳を興奮させるような活動――テレビ・ゲーム機・スマホ（インターネット）等は避けることです。なぜなら、眠る直前まで過剰な光や音にさらされていると、深い眠りが妨げられると言われているからです。

もう一つは、「入眠の儀式」があるといいのです。たとえば、「ぬるめのお風呂に入って、パジャマに着替え、歯を磨いたら、ふとんに入る」という手順（入眠の儀式）を決めておくのです。お風呂に入った段階で体の方で「いよいよ睡眠だ。寝る準備に入ろう」となり、スムーズに眠りに入ることができるでしょう。

最後には、親が睡眠の重要性を認識して「必ずやる！」と決意することでしょう。これが一番大切です。子どもが理解できる年齢なら、睡眠の意味や価値を子どもに話して聞かせることも有効でしょう。

子どもが健康に成長するために、睡眠は重要です。

子どもが小学校低学年ぐらいまでなら、親の言うことを比較的素直に受け入れるので、親の決意しだいで実践できるでしょう。

原則7 親の「言葉の重み」を取り戻しましょう

学校の現場では、ルールの意味を語り守らせることは、日常よく見られる基本的な教師の仕事です。これがうまくできるかどうかで、指導の効率は天と地の違いになります。

対照的な2人の教師の対応を紹介します。

事前にルールを語り、あらかじめ警告を出しておき、そのとおりに対応したA教師

小学校4年生のある学級が教室からパソコンルームに移動する場面です。

教師Aは「教室からパソコンルームに移動します。授業中ですから口を閉じて静かに移動します。途中でおしゃべりしたらパソコンルームでの学習をやめて、教室でそのまま算数の授業をします」と言って移動を始めました。

「口を閉じて静かに移動する」というルールの意味は、もちろん「授業中の他学級に迷惑にならない」ということです。この意味を、子どもたちは十分すぎるぐらいわかっています。教師は、ルールの意味を理解しているだけではうるさくする子が出ることを予想して、「途中でおしゃべりしたらパソコンルームでの学習をやめて、教室でそのまま算数の授業をします」と先手――あらかじめ警告を出すこと――を打

っているのです。

実際はどうなったか？　残念ながらこれでも途中でおしゃべりする子が、ごく少数ですが出ました。

問題は、その後の教師の対応です。この教師Aは、事前に警告していたとおりパソコンルームでの学習をやめて教室に戻り、何もなかったかのように（うむを言わせず）算数の授業を始めました。おしゃべりしてしまったやんちゃな子たちは、ぐうの音も出ません。

さて、この学級はその後どうなったか。後日、パソコンルームを使う機会には、学級全員が一言もしゃべらずにパソコンルームに移動できていました。それればかりではありません。パソコンルームに移動してからも、教師の指示どおりに動きます。「インターネットエクスプローラを起動しなさい」と言えば起動しますし、「マウスを手から離して先生の方を向きなさい」と言えば、全員がすぐそうします。ですから、指導の効率がとてもよいのです。パソコンルームの指導に限らず、すべてがそのように動いていきます。

教師Aの言葉には重みがあり、権威があるのです。

事前にルールを語り、あらかじめ警告を出したが、そのとおりに対応しなかったB教師

同じく小学校4年生のある学級が教室からパソコンルームに移動する場面です。「教室からパソコンルームに移動します。授業中ですから口を閉じて静かに移動します。途中でおしゃべりしたらパソコンルームでの学習をやめて、教室でそのまま算数の授業をします」教師Bは教師Aと同じくそう言って移動を始めました。この学級の場合も、途中でおしゃべりする子が、ごく少数ですが出ました。つまり、ここまでは2つの学級とも、状況は同じです。

問題は、その後の教師の対応の違いです。この教師Bは、事前に「途中でおしゃべりしたらパソコンルームでの学習をやめて、教室でそのまま算数の授業をします」と言っていたにもかかわらず、「おしゃべりはダメだって言ったでしょう」と強く注意はしましたが、そのままパソコンルームに移動してパソコンの学習を始めました。

さて、この学級はその後どうなったか。この日のパソコンの学習でも、一部の子どもの動きが違いました。「マウスから手を離して先生の方を向きなさい」と言っても、一部の子は、やっているインターネット検索をなかなかやめようとしません。先生の指示をすぐに聞いてマウスを放していた他の多くの子は、待つことにイライラしてきます。

そして、同じような指示がまた出た場合には、かなりの子がすぐにはマウスを放さなくなってきます。どうせ早くやめても待たなくてはなりませんから。こうして、指導の効率は悪くなり、その都度、強い注意や叱責が必要になるのです。パソコンルームの指導に限らず、すべてがそのように動いていくことになるのです。

教師Bの言葉には重みがなく、権威がないのです。

くり返し言っても、子どもが言うことを聞かない状況を改善する

原則6の最後に次のように書きました。

「ルールの意味（価値）をわかっていながら、守らないというケースだって考えられます。平たく言えば、子どもが親をなめている場合に、そうしたケースが起こりえます。そうした場合、親はどう対応したらいいのでしょうか」

子どもが親をなめている状態とは、親が教師Bのような状態になっているということです。

たとえば、「電車（バス・図書館・レストラン……）の中では静かにするのよ」と、親が子

どもにくり返し注意しても、子どもがまったく言うことを聞かない状態です。「10時には寝るルールよ」「歯を磨いてから寝るのよ」「汚れた衣類（連絡帳）はここに出しておいてね」……と、親が何度言っても全然変わらない状態です。

「言っても言っても、うちの子は言うことを聞かない！　変わらない！」まったく非効率でストレスフルな状態ですね。

なぜこのような状態になったのでしょうか？

原因は、親自身が自分の言った言葉を守らないいため、そのことが「私の言葉にしたがわなくてもかまわない」というメッセージとなって子どもに伝わってしまったからです。 発した言葉が軽んじられたにもかかわらず、それを容認したからです。言葉の権威を守らなかったからです。

「うちの子は言うことを聞かないで困る」と嘆く親御さんは、ご自身が言葉の重みを大切に考えてきたかどうか、よく考えてみてください。

▼「子どもにやることを確実に伝えていただろうか」

▼「子どもにそもそも無理なことを要求していなかっただろうか」（できない子どもを前に

して結局、親が前言を撤回することになる）

▼「子どもに意味（価値）をきちんと伝えていただろうか」

▼「子どもがやったかどうか、最後まで見とどけていただろうか」

▼「子どもがやった後、認めたりほめたりしていただろうか」

▼「子どもがやらなかったら、見逃すことなくやらせていただろうか」

では、親の言葉の重み（権威）は一度失うと二度と取り戻すことはできないのでしょうか。

トライアルランを使えば、親のストレスはゼロに！

大丈夫です。もちろん、取り戻す方法はあります。

次に、取り戻す方法を「図書館でのルールを教える場面」を通して紹介します。シュン君のお母さんになったつもりで読んでみてください。

毅然としてルールを教える

シュン君（7歳）は、図書館に行くことをいつも楽しみにしています。でも、お母さんは、シュン君が図書館で走り回ったり大声で話したりするので困っていました。

はじめに、「図書館はみんなが静かに本を読んだり勉強したりする場所です。だから、静かにしなくてはいけないんだよ」とルールとその意味を教えます。

ところが、しばらくすると、いつものように大声で話したり走り回ったりし始めました。

そこで、お母さんは、シュン君と目を合わせておだやかにしかもきっぱりと、「図書館では大きな声で話してはいけません。走り回ってもいけません」と、最初のルールを思い出させるために指示をくり返します。

ところがそのときだけは静かにおとなしくなりましたが、少ししてまた走り回り大きな声で話し始めました。お母さんはまたシュン君と目を合わせておだやかにしかもきっぱりと、「図書館では大きな声で話してはいけません。走り回ってもいけません。今度守れなかったら家に連れて帰ります」と一度だけ警告を発します。

シュン君は一瞬はおとなしくなりましたが、また走り回り大きな声で話し始めました。**そうしたら、お母さんは警告したとおり毅然として子どもを連れて帰るのです。わが子がなんだかんだと言ってきても、かまわずに連れて帰るのです。**

つまり、先のA教師のように対応するのです。

これができれば、あなたは言葉の権威を取り戻すことができるでしょう。

ここでの一番のポイントは、固い決意に基づいた毅然とした態度です。平たく言えば、親が本気であることを示すわけです。

連れて帰った後、「あれだけ図書館では静かにしなさいと言ったでしょう！」とお説教を続ける必要はありません（教師Aの対応を思い出してください）。連れて帰ったことで子どもは十分わかっています。その後のお説教はしません。むしろ逆効果になる場合があります。

このケースのシュン君は、次に図書館に行った際、きちんと静かにすることができました。

こうした対応を意図的に計画してやることを、専門用語で「トライアルラン」といいます。

実践！ トライアルラン

次に、兄弟同士がスーパーでもレストランでもあるいは車中でもけんかばかりして困るという状況をトライアルランで改善した事例を取り上げてみましょう。

①親が子どもと勝負する舞台を選びます。「子どもと勝負」という言葉に抵抗を感じる読者の方もいるかもしれませんが、これは子どもとの戦いです。親はわが子のためにも勝たねばなりません。なぜならルールやマナーを身につけることは、子どもにとって大切なことだからです。「レストランで兄弟げんかを始めたので連れて帰る」というのは、少しかわいそうすぎてできないと考えたあなたは、「スーパーでの兄弟げんか」を舞台に選ぶことにしました。

②兄弟にルールとその意味を話します。「スーパーで大声で口げんかしたりパンチし合ったりすると、お母さんはみんなの手前はずかしいし、他のお客さんの迷惑になるから、やらないこと」というようにです。

③それを守れなかった場合について警告を出します。「いつも買ってあげていたお菓子を買ってあげないで（買い物の途中でも）すぐにスーパーから連れて帰ります」とあらかじめ警告を出しておきます。

④実際にスーパーに連れて行きます。そこで、もし兄弟げんかをすることなく過ごせたら、

ほめます。「今日は、約束を守ってくれてありがとう。兄弟げんかをしなかったから、お母さんはとっても気持ちよく買い物ができたわ」このように言えばいいのです。

⑤もしルールが守れずに兄弟げんかを始めたら、おだやかにしかも毅然として「ルールを守れなかったので、このまま家に帰ります」と言います。そして、お菓子を買ってあげることなく、すぐにスーパーから連れて帰ります。

子どもはお菓子を買ってもらえなかったことなどで文句を言うかもしれませんし、「もう仲直りしたよ」と言うかもしれません。でも、そういったことは無視して淡々と実行します。また、帰宅後、この件についてこれ以上お説教はしません。

この後は、兄弟げんかを見ることなく、スーパーで買い物ができるようになります。

有言実行のこのような対応が、親の言葉の権威を取り戻すのです。

言葉だけの「連れて帰るわよ」という脅しや、「もう二度と買い物に連れて行かないから」というような実際にはできそうもないことを言ったりすることはやめましょう。「あんなことを言っても口先だけなんだ」と子どもに見透かされ、親の言葉の権威を落とすだけです。

親はよくよく考えて言葉を発するべきなのです。

効果てきめん！　ブロークンレコード・テクニック

親の言葉の重みを取り戻すために、「ブロークンレコード・テクニック」という方法もあります。これは、壊れたレコードのように同じ指示をくり返す方法です。

実例を紹介します。

ゲームの時間を守らせる

母親「ユウキ、ゲームをやめる時間よ」（ゲームは6時までというルールが前提）
ユウキ「夕ごはんまだじゃない？」
母親「ゲームをやめる時間よ」
ユウキ「もう少しでレベルが上がるから、もうちょっとやらせてよ」
母親「ゲームをやめる時間よ」
ユウキ「たまにはもう少しいいでしょ」
母親「ゲームをやめる時間よ」

ユウキ「わかったよ。やめるよ、もう」
母親「ありがとう。もうすぐ夕ごはんができるからね」

このように同じ言葉をくり返し使います。このとき、感情的になって声を荒らげないでください。あくまでおだやかにきっぱりとくり返します。

このブロークンレコード・テクニックは、これ以外にも、就寝時の「寝る時間だよ」、入浴時の「お風呂の時間だよ」などいろいろな場面で使えます。

ここでも、最大のポイントは親の決意すなわち本気度です。

声を荒らげることなく表面上はおだやかに同じ調子でくり返しますが、決意を秘めてきっぱりとくり返します。

ただし、どんな方法でも万能ということはありません。この場合も、「ゲームをやめる時間よ」「イヤだ！」「ゲームをやめる時間よ」「イヤだ！」……というように、子どもも同じ手を使ってきたらペナルティの警告（ルールを守れないなら、明日1日ゲーム機はお母さんが預かります）を出すなど、方法を変えましょう。

子どものためにこそ、親は子どもとのバトルに勝ちましょう

親は子どものためを思って、さまざまなルールを決め、守らせようとしますよね。

▼「電車（バス・図書館・レストランなど）の中では、静かにするのよ」→これは、社会のルールでありマナーを教えようとしているのです。

▼「夜10時には寝るルールよ」「歯を磨いてから寝ましょう」「お風呂の時間ですよ」→これは、基本的生活習慣を身につけさせようとしているのです。

▼「6時にはゲームをやめなさい」「6時になったら、30分勉強しますよ」→これは自分の気持ちをコントロールしたり、学習習慣を身につけさせたりしようとしているのです。

▼「脱いだ服（連絡帳やプリントなど）はカゴの中に出しておいてね」「配膳を手伝ってね」→思いやりや役割を果たすこと（協力や責任）を教えようとしているのです。

これらについて、子どもが言うことを聞かず無視したり、口答えしたり、やろうとしなかったりすれば、親とバトルになります。子どもに好き勝手にさせないでしつけたり教えたり

しようとするならば、わが子とのバトルは多かれ少なかれ、どの家庭でも生じるものなのです。

こうしたバトルに親は勝つべきです。

なぜなら、社会のルールやマナー、基本的生活習慣、学習習慣、自分をコントロールすること、思いやりをもつこと、役割を果たすこと……などを、子どもに身につけさせることが親の責任であり、それらが身についた方が子どものためになるからです。

ですから、親は毅然として対応し、子どもとのバトルに堂々と勝ちましょう。

「言った以上は絶対にやらせる！」だけでは、かえって危険

親自身がまず言葉を大切にする。いったん口に出したことはよほどのことがない限り守る。これは原則です。ですから、思いつくままよく考えもせずにあれこれと口に出してはいけないのです。

しかし、ここに落とし穴があります。だからと言って、「言った以上は絶対にやらせ

る！」というだけでは、かえって危険なのです。

子どものためという正当な理由があり、今の子どもの力で十分できる範囲のことだ。にもかかわらずやらないとしたら、罰を与えてでも言うことを聞かせなければならない……これはまさに体罰につながる考え方です。動機の正当性は、行為の免罪符にはならないのです。

こんな例があります。

父親「そこのコーナーの手前では、危ないから絶対に止まるんだぞ！　止まらなかったらおしりパンだぞ！」

子どもは父親の注意にもかかわらず止まらないで駆けていきました。

父親「コーナーの手前では止まれと言っただろう！」

言ったことを無視された父親は、予告どおりおしりを叩きました。子どもは泣きながら言いました。

子ども「お父さん、〈コーナー〉ってどういう意味なの？」

つまり、そもそも子どもに言ったことが伝わっていなかったのです。

これでは、いくら有言実行といっても逆に言葉の権威が落ちてしまいます。

言葉の重みは、単に正当な理由やできる範囲のことであること、言った以上は実行するという強さだけではなく、それ以外のたくさんの要素によって支えられているのです。

この事例のように、子どもに「意味のわかる言葉を使い、確実に伝わっていること」もその要素の一つです。

次項の原則8で言葉の重みを支えるたくさんの要素について学びながら、ちっとも言うことを聞いてくれないわが子を動かすにはどうしたらよいか、考えていきましょう。

コラム6

誤学習や未学習の結果として見られる問題行動を改善するには？

赤ちゃんは、「泣く」ことで、さまざまな欲求を伝えます。

「おなかすいたよ。（オッパイがほしい）」「おむつがぬれて気持ち悪いよ（ぬれたおむつを替えて）」「目が覚めたよ（かまって）」などです。このように「泣く」という行動には、どれも肯定的な意図があるのです。

大きくなるにつれて、「泣く」ことで自分の欲求を伝えるということはほとんどなくなってきます。

「お菓子を買って！」「そのおもちゃを貸してくれない？」「いっしょにキャッチボールしようよ」……。このように、年齢相応の適切な行動で欲求を伝えることができるようになってくるからです。

これらの欲求の適切な伝え方は、コラム３（Ｐ１４６）での「みずという言葉」と同じように、自然に身につくわけではありません。母親や身近な人とのやりとりを通して少しずつ身につけていくのです。

たとえば、お母さんがいっしょに砂遊びをしながら、子どもが使っているスコップを指さして「貸して」とお願いします。子どもは、大好きなお母さんのお願いですから、貸してあげます。すると、お母さんは、子どもを見つめてにっこりほほ笑みかけながら、「ありがとう」と言って借りるのです。子どもは、お母さんの笑顔や「ありがとう」と言葉に触れて幸せな気持ちになり、「貸してよかった」と思うのです。

あるとき、子どもの方がお母さんの使っているカップを借りたくなります。お母さんは、勝手にとろうとする子どもを制して、「カップを借りたいのね。そんなときは、『貸して』と言うんだよ」と教えます。「さあ、言ってごらん」と促すと、子どもは「貸して」と言います。するとお母さんは「上手に言えたね」と言ってほめながら、子どもにカップを渡すのです。

かくて子どもは、お母さんにほめられ、カップを借りられて満足するわけです。他の似たような場面でも、同じようなことがくり返され、だんだんと自分から「貸して」と言えるようになってくるわけです。

しかし、現実には「スーパーで大泣きしてお菓子がほしいという欲求を通そうとする子」

「友達を叩いておもちゃをとろうとする子」など、さまざまな問題行動が見られます。これは、間違って学習が行われた（誤学習）か、まだ学習がなされていない（未学習）と考えればいいのです。

具体的に言えば、「スーパーで大泣きしたら、親がしぶしぶ買ってくれた」という経験をすれば、何かほしいものがあったら同じように大泣きすることになるでしょう。これが、誤学習です。あるいは、「友達のおもちゃを叩いてとっても、何も制されることなくおもちゃで楽しめた」ということです。

誤学習を防ぐには、「スーパーでいくら大泣きしても、今日は買わないと約束したら買わない」し、その約束をがんとして守らせることです。それと同時に、少しずつ自分の欲求をガマンすることを学ばせていくのです。

あるいは、友達のおもちゃを勝手にとる・叩いてとるなどの行動が見られたら、その行動を制して「貸して」と言えるようにサポートしていくのです。

「貸して」と言えば貸してもらえ、かつ「よく言えたね」とほめられる。こうした経験を積み重ねていくことで、誤学習や未学習の結果として見られる問題行動を改善していくことができるのです。

小さい子どもの場合、「具体的な場面で、お手本を見せながら、実際にやらせてみて、うまくできたらほめる」という経験をくり返すことがポイントになります。

原則8　子どもがわかる・できる・やりたくなる「指示」を出しましょう

「うちの子はちっとも言うことを聞いてくれない」とイライラすることはありませんか。

たとえば、次のような状況です。

ちっとも言うことを聞いてくれないわが子を動かすには？

①後片づけをしてくれない子

ブロックで楽しそうに遊んでいる息子。「終わったら後片づけをしておいてね」そう言って、私は外出しました。帰宅後、部屋を見てびっくり。ブロックは散らかったままで、息子は外へ遊びに行っていました。**（8歳男児の母）**

②食器洗いを（きちんと）してくれない子

PTAの会合にすぐに出かける必要があったので、娘に「食器を洗っておいてね」と頼んで出かけました。帰宅後、流し台を見ると、油やタレがところどころ残った食器が置いてありました。周りは水びたしです。結局、私が洗い直すことになりました。**（10歳女児の母）**

③お使いを頼んでも行ってくれない子

麻婆豆腐を作ろうと思ったら、豆腐がありません。「スーパーで豆腐を買ってきて」と頼んだら、「今、テレビがおもしろいところだから。後で」と言われました。待ちきれないので、結局、私が買いに行きました。**（11歳女児の母）**

④連絡帳を決まった場所に出してくれない子

以前、朝になって連絡帳を出されて、アンケートの回答の締切日が当日だとわかり、大わらわになったことあるので、日頃から「連絡帳は、帰宅後すぐにこのケースに入れておいて」と言ってあります。ところが、仕事から帰ると、今日もまた連絡帳が出ていません。つい厳しく叱ってしまいました**（6歳男児の母）**

何度言っても「言うことを聞いてくれないわが子」に、あきれ果てると同時にイライラしますよね。

どうしてわが子は言うことを聞いてくれないのでしょうか。10の事例があれば10の理由が考えられるぐらい、それぞれに理由があるでしょう。

本項では、次の3つの視点からその理由と対応のポイントを紹介していきます。

視点1　あなたが言ったことは本当に伝わっていますか？
視点2　あなたが言ったことを子どもは今できますか？
視点3　子どもがやりたいことですか？　やる意味や価値は伝わっていますか？

視点1　あなたが言ったことは本当に伝わっていますか？

言ったつもり、伝えたつもりになっていませんか

子どもがあなたの言うことを聞く（指示に従う）には、少なくともあなたの言うことが子どもに伝わっていることが大前提になります。

つまり、まず「子どもがわかること・子どもに伝わる」ことが必須なわけです。言ったつもり、伝えたつもりではいけないのです。この視点が「第1のハードル」になります。

あなたの言ったことが子どもにわかる・伝わるには、どうしたらいいでしょうか。
それには、５つのポイントがあります。

ポイント1　意味のわかる言葉、具体的な言葉で話す

「カップが熱いから、ソーサーにのせて運んでね」と言ったら、子どもは熱いカップを手にして耐えきれず紅茶をこぼしてしまいました。よく聞いてみたら、「ソーサー」の意味がわからないのでした……。

この場合のように、「言っている言葉の意味がわからないから言うことが聞けない」というケースは多々あります。子どもの発達段階に応じて、意味のわかる、わかりやすい言葉を使うことが大切です。むずかしい言葉は、「この小さなお皿をソーサーと言うんだけど」というように使う際に説明することも必要でしょう。

意味がわかる言葉と関連して、「具体的な言葉で話す」ことも重要です。

たとえば、「いいかげん、テレビはやめてお風呂に入りなさい！」と言ったとします。こ

の場合の「いいかげん」は、あいまいです。これを「8時になったら」とか「後5分したら」というように、具体的な言葉にするのです。

「8時になったら、テレビをやめてお風呂に入るのよ」と話せばいいのです。この場合は、「予告」の技法も使われており、予告することで子どもに行動を切り替える心の準備ができ、子どもは比較的スムーズに次の行動に移ることができます。

ポイント2「一時に一事」の原則を守る

「一時に一事」の原則を守ること、一度にいくつも言わないことです。なぜなら、脳の短期記憶（ワーキングメモリー）の容量をオーバーしてしまうからです。**「そんなに一度にたくさん言われてもできない」という以前に「覚えていられない」のです。**

「ブロックは次に使いやすいようにばらばらにしてこの箱の中にしまっておくのよ」「テーブルの下にブロックが落ちていることもあるから、下もよくみてね」「それから、どうしても残しておきたいブロック作品があったら、あの棚の上に置いてもいいわ」「片づけが終わったら、冷蔵庫にプリンが入っているから食べてもいいわよ」「食べ終わったら～」……一

おうちにかえってからすること

1. 「ただいま」といって、かばんのなかみをだす
2. れんらくちょう、プリントなどをはこにいれる
3. おばあちゃんのところへいって、きょうのできごとをはなす
4. ゆうしょくご、おかあさんとあすのじかんひょうをあわせる

度にこんなにたくさん言われても、子どもはとても覚えていられないでしょう。

「そんなこと言っても、いくつも言わなきゃならないこともあります」という声が聞こえてきそうです。確かにそうですね。

「やってほしいことがたくさんあるのに、口で言っても子どもは覚えておくのはむずかしい」なら、やることを全部書いてあげましょう。

たとえば、お使いなら「買い物メモ」を渡すなどしてあげましょう。

あるいは、「やることをやる順番どおりに紙に書いて掲示しておく」ことも一つの方法です。

わが家の場合、娘が小学校1年生のとき、上記のような掲示物をつくり、ずっと掲示していました。娘は、慣れるまでこの掲示物を見ながら行動していました。

ポイント3 タイミングがよいときを見計らって話す

タイミングも重要です。間がよいか悪いかという問題です。子どもが何かに夢中になっているとき、たとえばテレビやゲーム、あるいは宿題や読書などに集中しているときは、あまりよいタイミングとはいえません。そっとしておくか、区切りのよいときまで少し待つべきでしょう。

どうしてもというなら、一時中断させてからです。

つまり、テレビを見たりゲームをしたり宿題や読書をしたりするのをやめさせてからということです。何かをしながら話（指示）を聞くことはうわの空で聞くということですから、伝わらない大きな原因になります。きちんと伝わったかどうか不安なら、話したことを子どもにもう一度言わせる（復唱）とよいでしょう。

ポイント4「CCQ」の原則を使う

親の方も何かをしながらでなく、伝えることに集中することが大切です。この点については、「ＣＣＱ：Calm おだやかに、Close 近づいて、Quiet 静かに」の原則があります。子どもに指示を出すときは、

①「Calm おだやかに」

親自身の気持ちをおだやかにします。親の感情が波立っていると親自身が冷静な判断ができませんし、子どもにその波動が伝わり子どもの感情も波立ってくる可能性が高くなるからです。

②「Close 近づいて」

遠く離れたところから——たとえばキッチンで野菜を切りながら——ではなく、子どものそばまで近づいて指示を出すということです。

③「Quiet 静かに」

抑えた声のトーンで静かにということです。実際にやってみるとわかりますが、ガミガミと大きな声で指示を出すと、子どもは耳をふさいで（実際上または心理上）聞こうとしなくなったり、感情的に反発してしまったりします。

抑えた声のトーンで静かに言う方が、ガミガミと大きな声で言うよりも、かえって子どもは指示を受け取りやすく、かつ指示を受け入れて行動する気持ちにもなりやすいのです。

「CCQの原則」

Calm：おだやかに

Close：近づいて

Quiet：静かに

「洗濯物はカゴに入れなさいって何度も言ってるでしょ！」と、親自身が「怒りの感情でいっぱいの状態で、遠くから、怒鳴りつける」よりも、「洗濯物はカゴに入れてね。そうしないと、洗濯をするとき、あちこち探し回ることになって手間がかかるの」と、「おだやかに（でも毅然として）、子どものそばまで近づいて、静かに言う」方が、効果的だということです。

ポイント5 視覚情報を使い、「話すスピード」にも配慮する

NLP（神経言語プログラミング）の考え方によれば、人には、目からの情報が入りやすいタイプ〈視覚優位〉・耳からの情報が入りやすいタイプ〈聴覚優位〉・味覚と臭覚と触覚からの情報が入りやすいタイプ〈体感覚優位〉の3つのタイプがあります。

聴覚優位の親は、言葉だけで指示を出しがちですが、視覚優位の子にはそれだけではうまく伝わりません。絵でイメージできるように話したり、イラストなどをあわせて提示したり、

同じ言葉でも話すだけでなく書いて見せるだけでも伝わりやすくなります。

聴覚優位の親はしゃべりのテンポも速くなりがちで、言葉を感覚的にとらえる体感覚優位の子はそのテンポの速さについていけなくなりがちです。

たとえば、「コーヒー」という言葉から、苦みが口いっぱい広がる連想をしたり温かいカップを感じたりと、言葉を感覚的にとらえるのが体感覚優位の人の特徴ですから、体感覚優位の人は、「言葉が出てくるのが遅くゆっくりとしている」ことが多いのです。

何か質問されても、「うーん」と体の中を探りおもむろにゆっくりと話し始めるので、言葉のやりとりに時間がかかります。ついつい親が一方的にしゃべり、体感覚優位の子どもも本人の話す言葉も少なくなりがちです。

もし、自分の子に対して何かにつけて遅いことにイライラしたり、「早く早く」とせきたてることが多いようなら、親が〈聴覚優位〉で、子どもが〈体感覚優位〉である可能性があります。タイプの違いですから、そこは親の方が子どものタイプを理解して合わせることです。つまり、子どもを「早く早く」とせきたてるのではなく、テンポを子どもに合わせてあげるのです。まずは、ゆっくりと話し、じっくりと反応を待つことです。

子どもが2人いる場合、タイプが異なることもよくあります。「お姉ちゃんは、（このテンポで）すぐにわかったのに、あなたはどうして飲み込みが遅いの！」とグチりたくなるかもしれません。おそらく上の子は、親と同じ聴覚優位タイプなのでしょう。

このように、いろいろなタイプがいるので、話し言葉にばかり頼るのではなく実物や絵・イラストを見せながら話したり、話す言葉の要点をボードに書いて見せたり、ゆったりしたテンポで話したりする方が伝わりやすいのです。

「うちの子はちっとも言うことを聞いてくれない」とグチる前に、そもそも言ったことが伝わっているかどうか、落ち着いてチェックしてみましょう。

そうすると、P235の「①後片づけをしてくれない子」は、そもそも言うことが伝わっていない可能性があることがわかるでしょう。

まず、タイミングがよくないのです。ここでは、いったんブロック遊びを中断させ、こちらに注目させる必要があります。

そのうえで、おだやかに（でも毅然として）、子どものそばまで近づいて、静かに言うのです。すなわち、CCQの原則を使って、「終わったら後片づけをしておいてね」と言えばいいのです。そして、帰宅後、後片づけがしてあったら、ほめてあげましょう。

もしそれでも後片づけをしていなかったら、外遊びから帰ってきたら、本人にやらせ、そしてほめてあげるといいのです。

視点2　あなたが言ったことを、子どもは今できますか？

■子どもは能力的または条件的に言うことを聞くことが可能ですか？

もちろん、「言うこと（指示）を聞く」ためには、わかっただけではいけないですよね。**子どもにとって能力的または条件的に「できること」を言わなければなりません。**この視点が、第2のハードルになります。

この第2のハードルをクリアするには、どうしたらいいでしょうか。

それには、2つのポイントがあります。

ポイント1「能力的にできる」ことを指示する

たとえば、P235の「②食器洗いを（きちんと）してくれない子」は、そもそも「能力的にできないこと」をさせていたことがわかるでしょう。

この場合は、子どもがすでにできる・わかることからスタートして、教えるターゲットをしぼり徐々にレベルを上げていくことです（スモールステップの原則）。

まず親が洗った食器をふくことだけから始めさせます。ほめながら、感謝の言葉をかけながら、上手にふけるようにします。その過程で、子どもは親が食器をきれいに洗っていることに気づくでしょう。子どもは食器をふきながら、親の洗い方を見て学ぶことになるのです。いわゆる見習いです。

上手にふけるようになってきたら、いよいよ食器洗いに挑戦させます。

まずひととおり食器の洗い方を教えます。その後で、親と役割を交代して、親が食器をふきながら、子どもに洗わせるのです。そこで、親は、食器をふきながら、わが子がきちんと食器を洗えているか点検し、さらに上手な洗い方を教えていくというわけです。

つまり、本章の原則３「子どもをできる状態において挑戦させましょう」の４つのポイントを使って指導していくのです。

こうして無理なくできるようにしたうえで、「食器を洗っておいてね」という指示が成り立つのです。冒頭の例の場合、「油やタレがところどころ残った食器」の状態であったわけですが、下手な洗い方を注意することよりも、まずは取り組んだことをほめ、感謝の気持ちを伝えることが大切でしょう。それから、スモールステップで上手な洗い方を教えていけばいいのです。

ポイント2 「子どもの都合」を考えて言う

能力的にはできても、「今はできない」ことが当然あります。

たとえば、「今、宿題をしているところだからダメ」「これからピアノ塾に行くところだからダメ」「これから友達の家に行く約束があるからダメ」など、何かに忙しかったり、先約があったりすればむずかしいのです。子どもの場合、勉強や塾以外にも、テレビや遊びもこの中に入るのです。この場合、一段落するのを待つしかありません。

たとえば、P236の「③お使いを頼んでも行ってくれない子」の場合は、実にタイミングが悪いのです。「今、テレビがおもしろいところだから。後で」というのは、「テレビが終わった後ならいい」ということです。母親としては、「料理をしている今、ほしい」のでしょうが、それなら「今、ほしいのよ。テレビを録画しておいてすぐに行ってきてくれない？」と頼んでみるのが精いっぱいでしょう。親の都合だけでなく、子どもの都合も考えて、待った方が得策です。

視点3　それは子どもがやりたいことですか？

やる意味や価値は伝わっていますか？

視点3は、あなたが言ったこと（指示）は、「子どもがやりたいこと」かどうかということです。これが最後のハードルになります。本章の原則2「興味をいかしてやる気を引き出しましょう」の項で書いたように、いくら整備して十分走れる能力のある自動車であってもガソリン（やる気）切れでは走ることができないのです。

実際、言われたことがわかり・やる能力もあっても、やらないことはたくさんあります。先にあげた①〜④の「ちっとも言うことを聞いてくれない子」の例は、すべてあてはまる可能性だってあるのです。つまり、おもしろいテレビがなかったとしても豆腐を買いに行ってくれなかったかもしれないのです。この意味では、この最後のハードルが一番むずかしいかもしれません。

でも、大丈夫です。対応策はあります。

ポイント1　やる意味や価値を伝える

まず何と言っても、やることの意味や価値を伝えることです。P236の「④連絡帳をきまった場所に出してくれない子」の例で言えば、次のように伝えることです。

「①（行動）当日の朝になって連絡帳を出されると、
②（影響）朝アンケートを書いたり学習に必要な物を準備したりすることになって、
③（感情）ばたばたして困るの。
連絡帳は帰宅してすぐに出しておいてね」

このように、（行動・影響・感情）の3点セットを伝えてみましょう。

詳しくはP257で述べますが、これを「私メッセージ」と言います。子どもは、することだけを指示されることに比べて、そうすることの意味や価値がわかり、やる意欲が引き出されます。ただやることを示すのではなくて、やる意味や価値――言い換えれば「やってほしい理由」――を伝えるのです。

ポイント2　賞賛や感謝を上手に使う

もちろん、やる意味や価値をその都度伝えるのは、むずかしい場合もあります。**ほめたり感謝したりすること（賞罰・外発的動機づけ）も合わせて上手に使うことです。**「ブロックを片づけたらほめる。豆腐を買ってきてくれたり、食器洗いをしてくれたりしたら感謝の言葉をかける」ことが大切です（感謝の言葉は外発的動機づけとはとらえないのが一般的です）。

ある家庭では、「夕食をつくってくれたら500円あげる」とやっていましたが、あながち否定はできません。これをきっかけに料理をつくることが楽しくなったり、人に役立つ喜びを学んだり、実際に料理がうまくなったりするからです。

案外やりがちなのが、「何でお母さんの言うことが聞けないの！」と怒ったり、「だったら、お母さんも、テレビを見て夕ごはんをつくらない！」と脅したりして（罰）動かそうとすることです。体罰もありえます。ついカッとなってしまったり、頭を使わないで手っ取り早く子どもを動かせたりするからでしょうが、一工夫することがお互いの幸せのためです。怒ったり手を出したりすることは、子どもはもちろん、親の大人だってエネルギーを消耗し後味の悪いものです。子どもへの対応のレパートリーを増やすことで、それらは回避できます。

ポイント3　人の役に立つ喜びを教え、習慣化させる

ほかにも有効な方法が二つあります。

一つは、家族は助け合うものという価値観を植えつけておくこと。

もう一つは、子どもが面倒くさがったりする前に、言い換えれば素直に親の言うことを受け入れる小学校就学前までのうちに、お手伝いをやらせたり、基本的なしつけを完了したりしておくことです。**つまり、お手伝いなどで、人の役に立つ喜びを教えておくことです。**あるいは、しつけ――たとえば「お片づけ」――など、いちいちいわなくても自然とできるように習慣化しておくことです。

早期教育が大事なのは、習い事や学力もそうですが、しつけなども同じです。

「うちの子は言うことを聞かない」とグチる前に

①後片づけをしてくれない子、②食器洗いを（きちんと）してくれない子、③お使いを頼んでも行ってくれない子、④連絡帳を決まった場所に出してくれない子などを取り上げながら、子どもがちっとも言うことを聞かない理由を探り、その解決の方法を示してきました。なかなか言うことを聞かないわが子のグチを言いたくなるときもあるでしょう。しかし、グチっても状況が好転する見込みはありません。

状況を本当に変えたいなら、これまで述べてきた3つの視点のどこでつまずいているのかを落ち着いてふり返り、親の方で子どもにかける言葉を工夫してみませんか？

ふり返りやかける言葉の工夫などの努力を継続することで、やがて「子どもがちっとも言うことを聞かない」状況は改善していくでしょう。

そして、子どもをどなったり脅したりして言うことを聞かせる必要は徐々になくなっていくでしょう。さらに、わが子との関係は険悪なものからよい状態へと変わっていくでしょう。

努力は十分に報われることになるのです。

原則9　感情に流されず立ち止まって考えましょう

『ぶん　ぶん　ぶるるん』（ほるぷ出版）という絵本があります。この絵本は、みつばちの雌牛へのひと刺しから騒動が始まります。みつばちに刺された雌牛は雄牛に、雄牛はおばさんに、おばさんはおじさんに、おじさんはらばに、らばはやぎにと、次から次へとやつあたりしていくお話です。

イライラが伝染していく様子がユーモアと説得力をもって描かれています。

家庭生活も似たようなものではないでしょうか。

たとえば、職場で上司に叱られた夫が、家庭で妻にあたる。あたられた妻は長男にあたる。長男は弟にあたる。弟は学校で友達にあたる……。いわばイライラの連鎖・不幸の連鎖です。

大人も子どもも忙しかったりイライラしたり疲れていたりすると、怒りっぽくなるものです。普段は受け入れることができている相手の行動も、受け入れることがむずかしくなります。

「感情のままに叱る→子どもが反発する→落ち込む」の悪循環

怒るほどのことでなくてもイライラ

夜遅く疲れて自宅に帰ってきました。師走のこの時期は、いつも走り回るような忙しさなのです。朝はさっとしか読めなかった新聞を、缶ビールを片手に読んでいました。

そこへ娘（6歳）が膝の上にのってきたのです。膝の上にのられると、新聞がゆれて読めません。疲れていた私は、思わず大声で「やめなさい！」と叱り、娘をどかしました。娘は、私の剣幕に驚いて少し離れたところでしょんぼりしています。私が新聞を読み続けているのを見て、部屋から出ていってしまいました。そんなつもりはなかったのに、と私も深く落ち込みました。（6歳女児の父）

この男性は普段は娘の面倒をよく見る、子煩悩な父親です。しかし、疲れているのと、仕事から解放されゆっくり新聞を読みたいのに、それを妨げる娘の行動にイライラし、強く叱りすぎてしまったのです。

疲れているときやイライラしているときは、つい怒りっぽくなりますね。いつもは許容していたことすら叱る対象になったりします。これでは、子どももたまりません。

それに、感情に流されるまま叱っても、子どもは無視したり反発したりで逆効果。おまけに親子のバトルに発展することすらあるのです。

親は、自分のイライラした感情に流されず、それをコントロールする必要があるのです。

イライラ対策1　不満をアサーティブに「私メッセージ」で伝える

感情をコントロールすることは、自分の感情を押し殺すことではありません。先の父親の例でいえば、「疲れているし、まずはゆっくりしたい」という感情を押し殺して、子どもの相手をすることではないのです。「疲れていて、まずはゆっくりしたい」という自分の気持ちを率直かつていねいにはっきりと伝えればいいのです。

先の父親の例でいえば、次のようになるでしょう。

「お父さんは今仕事から帰ってきて疲れているんだ。ビールを飲みながら新聞を読んで少しゆっくりしたいんだよ。膝の上から、ちょっと下りてくれるかい。少しゆっくりしたら、いっしょに遊ぼう」

父親はこのように言えばよかったのです。そうすれば、娘は怒られなくても、膝の上から下りて読み終えるのを待っていたでしょう。そして、その後いっしょに遊べば娘は喜んだでしょうし、父親もそんなわが子を見て癒やされ、リフレッシュできたでしょう。

自分の気持ちを犠牲にすることも、相手を攻撃することもなく、自分の気持ちを率直にはっきりとていねいに伝える言い方（アサーティブな言い方）をすればいいのです。

「私メッセージ」を使う

あるいは、自分の感情を率直に伝える「私メッセージ」（アイメッセージ）も有効です。

この場合、「行動・影響・感情」の3点セットで伝えることが原則です。

この場合でいえば、次のようになります。

- ▼ゆっくり新聞を読みたいときに、膝の上にのってゆらされると（行動）
- ▼新聞が動いて読みづらくて（影響）
- ▼イライラする（感情）

はじめの怒ったような「やめなさい！」という言い方は、「お父さんは私のことが嫌いなんだ」と、子どもに受け取られかねない言い方です。

行動・影響・感情の3点セットの「私メッセージ」という形で伝えられれば、子どもも「お父さんは、私を嫌いなわけじゃないんだ。今はゆっくり新聞を読みたいんだ」と納得するわけです。

人は、多忙感にさいなまれイライラしているときは、どうしても普段は何ともないことにも過敏になり怒りっぽくなるものです。そうした感情のまま相手に接すると、お互いに後味の悪い思いをします。そして、いっそう落ち込んだりする場合もあります。

感情のままに行動するのではなく、そこでは立ち止まって考えましょう。自分がこんな行動をしたらどうなるか、結果を見通してよりよい選択をすることです。

あたかも、将棋指しがいくつかの手を読み、悪手を避け最善手を選んで指すようにです。考えることなしに指したのでは、子どもとのバトルには勝てません。かえって悪手をとがめられ、泥沼にはまることになるのです。

「私メッセージ」でなくても、**声の調子などをガミガミ口調からお願い口調に変えるだけで**

も違ってきます。「膝から下りてくれないかな」というようにです。

感情のままに反応してしまうのではなく、どうしたら相手は気持ちよく動いてくれるかを立ち止まって考えてみませんか。

イライラ対策2「言っても言わなくても変わらないこと」は言わない

子どもに接することの多いお母さんの場合は、子どものあらゆる行動がストレス源になっているかもしれませんね。

たとえば、こんなふうに怒ることはありませんか？

よくある叱責パターン

▼「いつまで寝てるの！　いつになったら一人で起きられるのよ」
▼「だらだら食べてダメじゃない。さっさと食べ終わって！　片づかないのよ！」
▼「好きなものばっかり食べて。野菜も少しは食べなさいよ、もう！」
▼「カバンが玄関に放りっぱなしよ！　早くカバンを片づけなさい！　何度言ったらわかる

の！」

▼「忙しいの！　あっちへ行ってなさい！」

▼「連絡帳が出てないわよ！　帰ったらすぐに出しなさいって言ってるでしょ！」

▼「明日漢字テストでしょう！　練習しなくてもいいの！」

▼「いつまでゲームをやってるの！　宿題は終わったの！」

▼「テレビばっかり見て、いつになったらピアノの練習するの！　もうピアノを習うのはやめましょう！」

こんな調子でわが子への注意や叱責ばかりになってしまっていませんか。

親御さんもストレスですが、こんなふうに叱り口調で言われてばかりいる子どもはもっとストレスです。家庭がやすらぎの場ではなくなりますね。

なんとかこうした状況を変えられないでしょうか？　変える方法をお話しする前に質問させてください。

右のような注意や叱責で、子どもはよくなりましたか？　いくら注意しても、子どもはほとんど変わらなかったり、子どもとの関係がかえって悪くなったりしませんでしたか？

もしこの質問に「変わりませんでした」と答えるようなら、その注意や叱責は効果がなかったということです。だとしたら、注意や叱責を大幅に減らすことができます。次のような対応をとればいいのです。

言っても言わなくても変わらないこと、言うとかえって事態（関係）が悪くなることは言わない。これだけでこまごまとした注意・叱責を大幅に減らすことができます。

そして、子どもにとって家庭が居心地の悪い場からやすらぎの場に変わっていきます。親にとっても、効果のない注意・叱責にエネルギーを浪費しないで済み、そのエネルギーを、効果のある対応を立ち止まって考え実行することに費やすことができるのです。

イライラ対策3　問題行動のランクづけで心のゆとりを持つ

子どもの問題行動への効果的な対応を考える際に、もう一つ必要なことに「心のゆとり」があります。心のゆとりがあれば、立ち止まって対応法を考えやすくなります。

その心のゆとりを手に入れる方法の一つに、子どもの気になる行動、問題行動をランクづけすることがあげられます。

たとえば、地震のゆれの強さを示す「震度」というランクづけがありますね。

▼震度1「屋内で静かにしている人の中には、ゆれをわずかに感じる人がいる」
▼震度2「屋内で静かにしている人の大半がゆれを感じる」
▼震度3「屋内にいる人のほとんどが、ゆれを感じる」
▼震度4「ほとんどの人が驚く、電灯などのつり下げ物は大きくゆれる。座りの悪い置物がゆれる」
▼震度5弱「大半の人が、恐怖を覚え、ものにつかまりたいと感じる。棚にある食器類や本が落ちることがある。固定していない家具が移動することがあり、不安定なものは倒れる」……以下略

震度1〜3であわてふためいてテーブルの下に入ったり、ましてや屋外に避難したりする人はまずいないでしょう。「あっ地震だ。テレビのスイッチを入れてみて」と冷静に言う人

がほとんどではないでしょうか。驚く人も恐怖する人もいないはずです。

ですが、震度4くらいからは、対応が違ってきます。人によっては、テーブルの下に避難したり、ガスコンロの火を消したりするでしょう。

震度2や3の地震にも、震度4や5のゆれのときと同じように驚いたり緊張したりしていてはたまりません。つまり、地震のゆれの強さをランクづけすることで、危険度に応じた対応をとるわけです。

許しがたい行動レベルとそうでない行動レベルに分けてみる

ところが、子どもの問題行動となると、震度2、3程度のことなのに必要以上に驚いたり恐れたり緊張したりしていませんか。過剰な反応をしていませんか。

それは、震度5弱以上、少なくとも震度4からでいいのではないでしょうか。

「震度」と同じように、子どもの気になる行動、問題行動をランクづけしてみましょう。

震度4以上にあたるような「危険な行動・許しがたい行動」と、「好ましくない、減らしたい行動」ではあるけれども震度3以内の行動に分けるのです。

こうして問題行動を「危険な行動・許しがたい行動」とそれほどでもない行動に分けてみ

ることで、それほどでもない行動に対して必要以上に怒ったりイライラすることを減らすことができます。

何よりもいつも同じように緊張していた状態から、心のゆとりをもって対応法を考えることができるのです。


では、実際に次のページで、お子さんの気になる行動、問題行動をランクづけしてみましょう。

×は「危険な行動・許しがたい行動」、△は「好ましくない、減らしたい行動」ではあるけれどもそれほどでもない問題行動として、（　）内に×または△を記入してみてください。

⑫ 兄弟げんかでかみつく、ひっかく （　）

⑬ 兄弟で口げんかをする （　）

⑭ 図書館など公共の施設で、騒ぐ・けんかをする （　）

⑮ 人に向かって積み木を投げる （　）

⑯ 友達を叩く、蹴る （　）

⑰ ガラスを割るなどわざとものを壊す （　）

⑱ 親のサイフから黙ってお金をとる （　）

⑲ 汚い言葉づかいをする （　）

⑳ 親への許しがたい暴言がある （　）

㉑ ぐずったり口答えをしたりすぐに不平を言ったりする （　）

㉒ なかなかお風呂に入らない （　）

㉓ 歯を磨こうとしない （　）

㉔ お手伝いをよく忘れる （　）

△の数　　　個 / ×の数　　　個

問題行動のランクづけ

×は「危険な行動・許しがたい行動」、△は「好ましくない、減らしたい行動」ではあるけれどもそれほどでもない問題行動として、（　）内に×または△を記入してみてください。

1. 朝、一人で起きられない（　）
2. 食べるのが遅い（　）
3. 野菜をあまり食べない（　）
4. 服を脱ぎっぱなしにしている（　）
5. 玄関にカバンを放りっぱなしにする（　）
6. 遊んだあとの片づけをしていない（　）
7. 連絡帳を出していない（　）
8. コンピューターゲームをやりすぎる（　）
9. テレビを見すぎる（　）
10. 宿題を自分からやろうとしない（　）
11. 習い事（ピアノなど）の練習を自分からやろうとしない（　）

いかがでしたか。筆者の場合は、たとえば⑭・⑯・⑳などに×をつけ、×は全部で7個になりました。

△、×の判断は各ご家庭で異なってくると思います。また、お子さんの年齢や程度によっても違ってくるでしょう。

たとえば「①朝、一人で起きられない」という気になる行動も、小学校高学年なら震度4程度になるかもしれません。「⑧コンピューターゲームをやりすぎる」という問題行動も平日で4時間以上なら震度5弱になるでしょう。

ちなみに、×はいくつぐらいつきましたか。おそらく10個弱しかつかなかったのではないでしょうか。

また、P260の叱責の対象となった行動（よくある叱責パターン）は、ほとんどが「危険な行動・許しがたい行動」には入らなかったのではないでしょうか。

ということは、そんなにしょっちゅうイライラしたり緊張したりする必要はないわけですね。少なくとも、「危険な行動・許しがたい行動」と同レベルにまで過剰に反応することはないのです。

「危険な行動・許しがたい行動」はそんなに多くはないはずです。ほとんどの問題行動は、

そこまでいかないレベルなのです。
つまり、ほとんどの場合について、「たいした問題ではない」と心のゆとりをもてるわけです。

「いや、⑤玄関にカバンを放りっぱなしにする、⑥遊んだ後の片づけをしていない、というのもたしかに見過ごせない問題だ！」という方もいるでしょう。たしかに見過ごせない問題です。先にも書いたように、「好ましくない、減らしたい行動」です。ですから、対応はします。ただ、「危険な行動・許しがたい行動」レベルではないということです。

問題行動レベルが違うのに、どれも同じように強く厳しく対応していると、子どもがどれが本当にいけないことなのかがわかりにくくなります。

というのは、子どもは親の叱り方で自分の行為の是非を判断しているところがあるからです。

たとえば、⑤玄関にカバンを放りっぱなしにすることと、⑯友達を叩く、蹴ることを同じように厳しく叱っていると、子どもはどちらも同じ程度に悪いことなのだと判断してしまう可能性があります。

それに、「好ましくない、減らしたい行動」レベルまで厳しく叱責することになれば、叱る頻度が倍以上も増え（筆者の場合も△の数は×の倍以上ありました）、親も子どもも疲れてしまうでしょう。

しかも、叱る頻度が増えてくれば、子どもはそれに慣れてしまい、たいした効果も期待できなくなってきます。

さらには、子どもの反発もありえます。「なんでこんなことで、ここまで叱られなきゃならないんだ！」というように。

ここはまず落ち着いて対応法を考えられるように、「問題行動のランクづけ」で心のゆとりをもちましょう。

イライラ対策4　効果のない方法はキッパリやめて他の方法を探る

さて、心のゆとりをもてたところで対応法を立ち止まって考えましょう。

「許しがたい行動」までいかなくても好ましくない行動・減らしたい行動に対して、注意や叱責以外にどんな対応をすればいいのでしょうか？

「②食べるのが遅い」を例にして、対応法を考えてみましょう。

子どもが早く朝ごはんを食べないで困っていた母親に対して、筆者がカウンセリングをした例を紹介します（ＮＬＰカウンセリングメソッドⅡを使いました）。

早くごはんを食べ終わらない娘（５歳）に困っている母親

筆者「お母さん、あなたが今抱えている問題は何ですか？」
母親「次女が朝ごはんをなかなか早く食べないで困っているんです」
筆者「あなたにとって、そのこと（早く食べないこと）がなぜ問題なんですか？」
母親「片づけが遅くなって、出勤時間に遅れると困るから問題なんです」
筆者「なるほど。他に早く食べないことからくる二次的な問題はないですか？」
母親「う～ん……。あんまり遅いと、世の中は時計で動いているから、周りに迷惑をかけるし……。それから、本人もある程度時計に合わせて動けないと、困ることが出てくるから」
筆者「なるほど。世の中は時計の動きに合わせて動いているから、ある程度それに合わせて動けないと周りに迷惑をかけるし、本人も困るのじゃないかということですね。あなたは、いつ頃からこの問題を抱えているのですか？」
母親「う～ん、ずっと前から。もう何年も前からです」
筆者「ずっと何年も前からなんですね。では、ごはんをなかなか早く食べないという問題によって事態が最悪だったのはいつ頃ですか？」
母親「えーと、私が去年4月に勤め始めてからでしょうか」
筆者「では、だれのせいでこの問題が起きたのですか？」
母親「次女のせいです！」
筆者「次女の他にはいますか？」
母親「そうですね、長女のせいもある。長女が時々話しかけたりして、そのせいで次女の食べるのが遅くなってるんです」
筆者「長女の他にはいますか？」
母親「う〜ん、私かな!? 私がもう少し早く起きて、食事を早くつくればいいんだわ」
筆者「今の質問は有効だったみたいですね。次女ばかりが原因じゃないということですね」
母親「そうですね」（苦笑する）
筆者「この次女が食べるのが遅いという問題は、日常生活において他にどのようなマイナスの影響を及ぼしているでしょうか？」
母親「う〜ん、次女は夕食も食べるのが遅いから、家族で遊ぶ時間がスタートするのを遅くしているし、お風呂に入る時間も遅くしている。その結果、寝る時間が遅くなっているんです！」
筆者「なるほど、それでは望ましい状態はどんな状態ですか？」
母親「私がもう少し早く起きて、食事をつくればいいんです。そうすれば、もう少しゆとりをもって次女は朝食を食べられます」

この母親の場合、ここまで10分ほどでカウンセリングを終えました。

当初この母親は、食べるのがとても遅い次女にのみ問題があると思っていました。悪いのは（変わるべきは）次女だけだと考えて、何年間も次女を「早く食べなさい！」と注意してきたのです。他に打つ手を考えなかったのです。


ところが「だれのせいでこの問題が起きたのですか？」という問いが、この母親に気づきを与えました。この問いによって、次女に話しかけたりかまったりする長女にも原因があることに気づいたのです。そして、遅く起きてしまい食事ができあがるのを遅くしている自分自身にも原因があることにも気づきました（さらに、食事中のテレビ視聴が食べるのを遅くしていることにも気づきました。この子の場合、テレビに熱中すると箸の動きが止まるのです）。

原因がわかれば、対応も違ってきます。

この母親は、「早く食べなさい！」と次女を注意することをやめました。効果がないからです。その代わりに変えやすい自分を変えることを選びました。つまり、もう少し早く起きて食事の準備をすることにしたのです。あわせて食事中のテレビについて、次のようにルールを決めました。「7時10分までに朝食を食べ終わったら、テレビを見てもいい」というルールです。

この対策で、何年も変わることのなかった朝食の場から「早く食べなさい！」という注意がなくなり、しかも時間内に食べ終わるようになったのです。

押してもダメなら引いてみる

効果のない方法——くどくど注意する・叱る——をいいかげんやめて、効果のある方法を考え試してみませんか。その方がずっと生産的です。親も子もストレスが激減します。

この場合、年齢によっては「7時10分までに食べ終わらなかったら、自分で食器洗いをして片づける」というルールだって効果がありそうです。

このように、一つひとつの問題行動について具体的な対応法を考えていくのです。

他の問題行動にしても同様です。もう一つだけ、「⑤玄関にカバンを放りっぱなしにする」の対応法について取り上げてみましょう。

「タケシ、カバンが玄関に放りっぱなしよ！　何度言ったらわかるの！」と、お母さんが大声で注意するシーンです。

「何度言ったらわかるの！」とあるように、こうした注意では今までに効果がほとんどなかったようですね。だったら効果のある方法を、立ち止まって考えてみましょう。

一つ目に、前述の「私メッセージ」を送るという方法があります。行動・影響・感情の3点セットで伝えることが原則です。

▼玄関は家の顔なのにその玄関にカバンが放りっぱなしだと（行動）
▼お客さまや宅配便の人たちに、みっともない家だと思われて（影響）
▼お母さんは悲しくなるの（感情）

たとえば、このように伝えるのです。子どもがそう言われて「それはよくなかった」と判断すれば、子どもは行動を変えようとするでしょう。

でも、習慣化していない行動ですから、ついそのままになることもあるでしょう。そこでは、玄関に放りっぱなしのカバンに気づいていても叱責せずに無視しておくのです。気になるなら黙って玄関の目立たないところ（子どもの部屋ではありません）にカバンを移しておけばいいでしょう。カバンを片づけるのは本人の課題ですから、本人に片づけさせるのが基本です。

そして、きちんとカバンを片づけたときに、「今日はちゃんと片づけてくれたのね！　お母さんとってもうれしいわ！」とほめるのです。「無視と賞賛」――これが2つ目・3つ目の対応法です。

あるいは、そもそもカバンを置く場所がないくらい部屋が汚いのかもしれません。いっしょに部屋そうじをしてカバンを置く場所を明確にしてあげることも対応法になるかもしれませんね。これが4つ目の対応法です。

また、「カバンを部屋に置いて連絡帳を出したら、用意しておいたおやつを食べてもよい」というルールを決める方法もあります。これは、「AしたらBしてよい」という取引で、Bには子どもがほしい特典が入ります。これが5つ目の対応法です。

どうでしょう。効き目のない、大声で注意する方法よりも、効果がありそうだとは思いませんか。これが「押してもダメなら引いてみる」ということです。

一つひとつの問題行動について、立ち止まって具体的な対応法を考えていくということです。

イライラ対策5　自分を変える「インサイドアウト」

もう一つ、「②食べるのが遅い」の例にもあったように**自分を変える方が近道の場合があることも頭に入れておくといいでしょう。**

これを主体変容とかインサイドアウトといいます。

家庭生活で、相手（子どもや配偶者）を変えたいと思う場面はしばしばありますね。よくない原因も相手に求めがちです。

しかし、一人だけが悪い・一人だけに原因があるということは、まずありません。さまざまな原因があるのが普通です。

その中で自分から変わるということが、大変なようでいて、最も近道かつ効果があるのではないでしょうか。家族のいろいろな問題に対して、「だれのせいでこの問題が起きたのですか？」と自問自答してみるのも、有意義でしょう。

そして、いつも子どもや配偶者に向けていた批判の矛先（問題の原因）を、時には自分自身にも向け、主体変容を図ってみること。

そうしたことも、効果のある解決法を見つけるのに有効です。

家庭は「不幸の連鎖から幸福の連鎖」に変わります

いったいどのくらいの家庭が注意や叱責に満ちているのでしょう。そこでは、注意する親も注意される子もストレスに満ちた、落ち着けない日々を過ごしていることでしょう。注意や叱責が、実はほとんど効果がないとなれば、問題行動は改善されないわけですからあいかわらず注意や叱責が続くということです。これってだれにとっても不幸で悲しいことではないでしょうか。

ではどうしたらいいのでしょう?

これまで紹介してきたように、感情のままに注意や叱責をするのではなく、親が立ち止まって考え対応法を変えればいいのです。

今までほとんど何も考えずに感情のままに注意や叱責をしていた習慣を変えるのですから、親の忍耐がまず要求されます。

「やり返したい」「間違っているのは相手で自分は正しい」というわき上がる感情を抑え、

自分の感情をコントロールしなければなりません。そのうえで、落ち着いて状況を分析して、有効な対応法を考えるのです。

最初はきついかもしれません。ですが、この忍耐と立ち止まって考える習慣は、必ず報われます。

すなわち、いつしか家庭は子どもにとっていつも注意や叱責ばかりされる落ち着けない場から落ち着ける場となり、そしてよいところが認められ、ほめられる成長の場、癒やしの場となっていくのです。

つまり、第2章で紹介した「やすらぎの場」になっていくのです。

そうなれば、子どもは学校でストレスを受けても家庭で癒やされ、再び元気に学校へ行けることになるでしょう。それは、絶え間ない注意や叱責から解放される親も同様です。イライラや叱責による自責の念から解放され、心やすらぐ毎日を送ることができます。

鍵は「親が立ち止まって考え、対応法を変えるかどうか」にあるのです。

おわりに I 父母の皆さまへ

2年ほど前、通常学級在籍で不登校・保健室登校の男の子（小3）を毎日1時間だけ受け持った経験があります。

その子は、1学期の段階で欠席が40日に達し（年間通算30日以上の欠席で不登校です）、出席の場合もお昼近くになって保健室に登校していました。しかも、母親が車に乗せて登校する状態です。保健室登校後も、そのままそこで給食を食べ、その片づけもしません。その後、保健室で好きな本を読んだり、おしゃべりをしたりして過ごす――そのような状態でした。

こうした状態を改善するために、2学期から1時間だけ筆者がみることになりました。まずは、「学校が楽しい」と思ってもらえるように、その子の好きな遊びを中心にかかわりました。はじめこそ積木やブロックでの一人遊びを好みましたが、すぐに筆者といっしょにジェンガ、サッカーゲームをしたり、はさみ将棋や五目並べをしたりして楽しむようになりました。こうして、その子が興味をもった活動にいっしょに取り組むことで、筆者はその子との信頼関係を築いていったのです。あわせて、遊びと遊びの間に入れた漢字や計算の練習――当初は見向きもしなかったこと――に取り組めるようになりました。

そして、昼休みに、筆者が仲立ちをすることで、学級の仲間と鬼ごっこなどもできるようになりました。筆者は、約半年間、昼休みに鬼ごっこなどをしていっしょに遊んでいたのです。その子は母親にも「今日は、こんな楽しいことがあったよ」と話をするようになりました。

2ヶ月たった頃には、給食を学級で食べるようになり、給食の準備や片づけを自分でして、そのまま5、6時間目は教室にいられるようになったのです。その後、2学期の終わり頃には清掃活動に参加したり、学級のお楽しみ会、ドッジボール大会などの全校行事にも参加できるようになりました。さらに2月には歩いて登校するようになり、卒業式にもしっかりと参加できたのです。

最終的には、2学期の欠席は7日間、3学期はわずかに3日間で、この子の不登校・保健室登校は劇的に改善しました。

今でも思い出すのが、漢字10問テストで全問できたとき、「先生、100点って書いて！花丸を書いて！」と言ったその子のうれしそうな表情です。「がんばったね！　はい、100点！　花丸ね！」こう言って書いてあげると、またその子はとてもうれしそうにしていました。あのうれしそうな表情は、忘れられません。この子は、「漢字なんてできなくてもいい」「書き順なんてどうでもいい」と言い、漢字の間違いなど指摘しようものなら、「あ～漢字練習なんかしない！」と言って漢字ドリルを投げていたのです。

どんな子でも、できるようになりたい、わかるようになりたい、よくなりたい、そしてほめられ、認められたいと心の奥底ではみんな思っているということ。

このことこそ、筆者の職業上の確信であり、確固たる信念です。それは、いわゆる勉強でも、遊びでも、そうじでも……どれもそうなのです。

表面上の「イヤだ！　やりたくない！　できなくてもいい！　わからなくてもいい！」という本人の言動にまどわされてはならないのです。

それらの抵抗は、ハードルが高すぎる、やり方があっていない、あるいはまだそれ以前のクリアしなくてはならない課題があるということに過ぎないのです。あるいは、まだ信頼関係ができていないということなのです。

逆に言えば、そこさえクリアできれば子ども自身ストレスなく勉強でもお手伝いでもなんにでも意欲的に取り組むことができるのです。そして親のストレスも大幅に減り、親子関係がもっともっとよくなるのです。

この子の変容は、本書で紹介した「子どもを教え育てるための原則」を使って粘り強く指導した結果です。もちろん、本書で紹介したもの以外にも、まだまだ大事な原則もテクニックもたくさんあります。ですが、最も大切な基本は本書で紹介したとおりです（どの子もわかるようになりたい、できるようになりたいと思っていると心から信じて子どもと接することもとても大事な原則の一つです）。

本書で紹介した子育ての原則を使って、問題をかかえる多くの子どもたちに、この子のように笑顔が戻り、そしてそれらの問題行動に悩まされている多くの親や教職員のみなさんにも笑顔が戻ること。そのことこそが、筆者の願いであり、本書執筆の最大の理由です。

出版のイロハから勘所まで厳しく教えてくださったエリエス・ブック・コンサルティングの土井英司さんとスタッフのみなさん、ありがとうございます。
一字一句を大切にしながら読者との橋渡し役を務めてくださったディスカヴァー・トゥエンティワンの編集者の石橋和佳さんとスタッフのみなさん、ありがとうございます。
新卒以来いっしょに教育について学んできた仲間たち、そして出会った子どもたちとその保護者のみなさん、ありがとうございます。

これらすべての人たちとの出会いがなければ、本書が世に出ることはなかったでしょう。

ありがとうございました。

そして最後に、いつも筆者を支えてくれている家族に感謝を捧げます。

おわりに Ⅱ　教職員の皆さまへ

「家族の再生」が学校教育の大きな支えとなる

子どもたちが学校で荒れるようになって久しいです。教師をなめきった子ども、話を聞けない子ども、すぐキレる子ども……。ずいぶん前からこのような子どもたちがどの学校でも見られるようになりました。学力向上うんぬんの指導以前に、我々教員はこのような子どもたちの指導に疲弊しています。

小学校教員である筆者は、10年以上前に荒れ狂っていた子どもたちを担任したことがあります。後ろから蹴られたり、輪ゴム鉄砲で撃たれたり、ここに書けないぐらいの悪口雑言を浴びせられたりしました。保護者から手厳しいクレームを何度も受けました。

その荒れ狂っていた子の父親が、学校に顔を出したことがあります。なんと大勢の人が見ている前で、「わが子の髪の毛を引っ張りながら引きずっていった」のでした。

かくて、筆者は荒れ狂っていた子の背景を理解したのです。家庭が荒れているのです。その子ばかりでなく妻である母親も、暴力を受けていました。

このような経験から、筆者は深く家庭教育の重要性を探求するにいたったのです。もちろん筆者を含め、教職員は全力を尽くします。しかしながら、悲しいことにカバーしきれない部分もあるのです。

子どもをほったらかしにしている親、子どもに甘すぎる親、子どもと配偶者に暴力をふるう親……そしてモンスターペアレント。

多くの教育関係者が真に思っているのは、

「お父さん、お母さん方、もっとしっかりしてください！　あなたのお子さんでしょう！」

ということでしょう。

一方、教員たちが疲弊しているのと同様に、今親御さんたちも疲弊しています。

仕事に疲れ、家事に疲れ、さらに子どもはなかなか言うことを聞かず、問題を起こします。

子育てについての専門的力量をもたない親たちは、子育てにも四苦八苦しているのです。

「ままならないこの子をいったいどうしたらよいのか⁉」と。

親御さんたちに必要なのは、責めではなくてサポートです。責任を押しつけ合うことではなくてお互いに協力し合うことです。親御さんたちは、子どもの成長をともに願っている大切なパートナーです。親御さんたちはだれよりもわが子の成長、幸せを願っているのです。

仕事に疲れ、家事に疲れても、何とか子どものために手を尽くそうとしているのです。

そんな親御さんたちに、子育ての知恵や原則を伝えることこそが、大きなサポートになります。そして、そのことが学校教育——疲弊した教職員たち——を支える大きな力になるに違いありません。この確信が、筆者が本書を執筆したもう一つの理由です。

本書が「家族の再生」の助けとなり、このことが学校教育を支える大きな力になることを願ってやみません。

泉河潤一

うちの子、どうして言うこと聞かないの！と思ったら読む本

発行日　2015年4月20日　第1刷

Author　泉河潤一
Book Designer　鈴木大輔・江崎輝海（ソウルデザイン）
Illustrator　坂木浩子
Cover Illustrator　内田コーイチロウ

Publication　株式会社ディスカヴァー・トゥエンティワン
〒102-0093　東京都千代田区平河町2-16-1 平河町森タワー11F
TEL　03-3237-8321（代表）
FAX　03-3237-8323
http://www.d21.co.jp

Publisher　干場弓子
Editor　石橋和佳

Marketing Group
Staff　小田孝文　中澤泰宏　片平美恵子　吉澤道子　井筒浩　小関勝則　千葉潤子　飯田智樹　佐藤昌幸　谷口奈緒美　山中麻吏　西川なつか　古矢薫　伊藤利文　米山健一　原大士　郭迪　松原史与志　蛯原昇　中山大祐　林拓馬　安永智洋　鍋田匠伴　榊原僚　佐竹祐哉　塔下太朗　廣内悠理　安達情未　伊東佑真　梅本翔太　奥田千晶　田中姫菜　橋本莉奈　川島理　倉田華　牧野類　渡辺基志
Assistant Staff　俵敬子　町田加奈子　丸山香織　小林里美　井澤徳子　橋詰悠子　藤井多穂子　藤井かおり　葛目美枝子　竹内恵子　熊谷芳美　清水有基栄　小松里絵　川井栄子　伊藤由美　伊藤香　阿部薫　松田惟吹　常徳すみ

Operation Group
Staff　松尾幸政　田中亜紀　中村郁子　福永友紀　山﨑あゆみ　杉田彰子

Productive Group
Staff　藤田浩芳　千葉正幸　原典宏　林秀樹　三谷祐一　大山聡子　大竹朝子　堀部直人　井上慎平　松石悠　木下智尋　伍佳妮　張俊崴

Proofreader　文字工房燦光
DTP　アーティザンカンパニー株式会社
Printing　三省堂印刷株式会社

ISBN978-4-7993-1639-9